J. H. Oldham

Florence Allshorn

Ein Mensch wagt zu lieben

CLV

Christliche Literatur-Verbreitung e. V.
Postfach 11 01 35 · 33661 Bielefeld

Die Bibelzitate sind der Elberfelder Übersetzung 2003,
Edition CSV Hückeswagen, entnommen.

Überarbeitete Auflage 2013

Christliche Literatur-Verbreitung
Postfach 11 01 35 · 33661 Bielefeld
Internet: www.clv.de

früher erschienen im MBK-Verlag, Bad Salzuflen, und im Brunnen Verlag, Gießen
Übersetzung: Johanna Lorch
Satz: CLV
Umschlag: Lucian Binder, Marienheide
Druck und Bindung: CPI – Ebner & Spiegel, Ulm

Bestell-Nr. 256.254
ISBN 978-3-86699-254-2

Liebe ist ein unergründliches
Sich-selbst-Vergessen.

Florence Allshorn

Inhalt

Wenn aber der Wind weht	9
Uganda	17
Die Schule der Liebe	23
Von Krankheit und Heilung	37
Zur vollen Reife	43
Das königliche Gebot	53
Neue Ziele	69
Vom Kampf und Wunder der Gemeinschaft	75
Die Probe der Echtheit	81
Die Gemeinschaft von St. Julian's	93
Ein Plan wird Wirklichkeit	105
Mitarbeiter Gottes	109
Freundschaft	115
Die Schau ihres Lebens	133
Der Anker, der hält	139
Letzte Tage	157
Über Florence Allshorn	160

Wenn aber der Wind weht

Mit großen, wachen Augen schaute Florence in den grauen Tag vor ihrem Fenster. Der Nebel hatte London eingesponnen in sein dichtes Netz. Er schien durch alle Ritzen zu dringen. Sie kannte das.

Bilder stiegen auf und sanken wieder zurück ins graue Gewoge: die Särge von Vater und Mutter – kurz nacheinander. Verschwommen war das Bild. Sie war damals erst ein kleines dreijähriges Mädchen gewesen; als schweres Erbe des lungenkranken Vaters war ihr die zarte Gesundheit verblieben.

Etliche Jahre später: eine Geburtstagsfeier mit den lebhaften Cousins und Cousinen. Ein kleines Erleben – und dennoch schmerzhaft in ihr Gemüt eingegraben. Sie hatte sich so gefreut mit der ihr eigenen Fähigkeit zum Frohsein. Aber plötzlich war ihr klar geworden: Die kleinen Verwandten hatten eine Heimat – das sah man an allem, bis hin zu der gut sitzenden Kleidung. Sie aber war geschmacklos angezogen und stand mit ihrem lebhaften Sinn für alles Schöne Qualen aus, sooft sie mit den kleinen Verwandten zusammen war.

Eintönig und grau war auch das Heute. Sie hasste ihr Zuhause, das ihr kaum Entfaltungsmöglichkeiten bot. Glücklich war sie nur, wenn sie ihm entrinnen konnte – der Tante, der tristen Langeweile, der ungeliebten Pflicht.

Sollten diese Dunkelheiten alles Schöne ersticken? Nein, tausendmal nein. In dieser Stunde sagte Florence der lähmenden Resignation den Kampf an.

(Anmerkung des Herausgebers: Der Autor berichtet leider nicht über den Zeitpunkt und die Umstände ihrer Wiedergeburt. Doch der Zusammenhang zeigt, dass sie inzwischen ihre Bekehrung erlebt hat.)

Fortan war sie von einem starken Lebenswillen erfüllt, der sie davor bewahren sollte, den Zwängen ihrer Umgebung – so sehr sie ihr auch zusetzten – zu erliegen.

Ein frischer, klarer Frühlingswind war aufgekommen, während sie so sann. Übermütig zerstieß er den Nebel in tausend Fetzen. Ein lachender Sonnenstrahl fiel auf die Osterglocken im kümmerlichen Gartenland. Sie waren aufgeblüht. Voll dem Licht zugewandt, verströmten sie verschwenderisch und unbekümmert ihren Duft aus goldenen Kelchen.

Darum ging es – in einer solchen Unbekümmertheit sich selbst zu verschenken. Noch ahnte Florence nicht, in welch hohem Maße dies bei ihr der Fall sein sollte. Sie schrieb einer Freundin:

»Lange träumte ich von einem Kleinod in meiner Seele, so kostbar, dass man nicht riskieren konnte, es mit den gewöhnlichen, oft unschönen Dingen des Lebens in Berührung zu bringen. Ich erwartete irgendein besonderes, geheimnisvolles Erleben. Daraus, so hoffte ich, würde sich etwas Wunderbares gestalten, wenn ich nur dafür sorgte, dass es nicht beschmutzt würde. Es ging um einen Traum, unwirklich und voller Selbstsucht. Heute weiß ich: Echtes Leben ist vielen Einflüssen ausgesetzt, es ist voller Wunder und eintönig zugleich – über allem aber sei die Liebe. Stell dir nur vor: Ich glaubte, es ziemlich weit gebracht zu haben, und hielt es für Liebe, wenn man nett und freundlich zu den Menschen ist. Doch nie und nimmer ist das Liebe! Liebe ist ein unergründliches Sich-selbst-Vergessen. So strahlend – noch habe ich ihren Saum nicht berührt.«

Liebe durfte bei Florence schon in ihrer Jugend nie im Gefühl stecken bleiben. Es ging ihr immer darum, echt zu sein – um jeden Preis. Echt im Lieben, echt auch in den kleinen Dingen des Alltags. Wieder vertraute sie der Freundin dieses Verlangen an: »Ich leide so darunter, dass ich die Menschen nicht recht lieben kann. Vielleicht wird Gott es mich lehren, wenn ich weiterhin darum bitte. Es ist so viel in mir, das noch nicht frei geworden ist und das noch in Fesseln liegt. Wenn ich doch ganz wach werden könnte! Weißt du noch, wie mir damals die Zähne gezogen wurden? Ich hatte ziemliche Schmerzen und entdeckte mich trotzdem plötzlich dabei, dass ich Gott dankte; denn es war echtes, wirkliches Erleben, das mich die Lektion der Schmerzen lehrte. Wahrhaftig, das war echtes Leben. Zu solcher Echtheit möchte ich bei allem, was ich tue, durchstoßen. Dieser Weg muss wohl durch Schmerzen gehen, und ich hoffe, ich habe dann im entsprechenden Augenblick den Mut, den Preis der Echtheit zu zahlen. Noch wage ich es nicht.«

Kräfte drängten zum Licht. Florence erkannte die Gabe schöpferischen Gestaltens, die ihr in hohem Maße verliehen war. Sie studierte Kunst und Musik. Doch wieder verhüllte sich die klare Sicht. Durch ein Augenleiden, das Florence auch in späteren Jahren immer wieder zu schaffen machte, nahm ihr Leben eine andere Wendung, als sie geplant hatte. Vier Jahre Hauswirtschafts-Seminar statt Kunstakademie, Kochtöpfe statt Pinsel und Palette. Ein »krummer Weg« – und doch gehörte er zu Gottes Plan für ihr Leben, auch wenn ihr das damals noch verborgen war. Florence sagte zu dieser Enttäuschung »Ja«, und so wurde ein Stück Lebensschule daraus, die ihr später von hohem Wert war. Hauswirtschaftslehre und Kochen, Wäsche, Handarbeit, Kleidernähen und Psychologie waren die Fächer, die sie mit glänzenden Zeugnissen absolvierte. Beides zusammen – Kunst und Hauswirtschaft – hielt sie für nahezu ideal als Vorbereitung auf ein fruchtbares Leben. »Beides lehrte mich«, schrieb sie später, »die Kunst des Sehens und den Sinn für das echte Verhältnis der Dinge untereinander.« Sehen, das hieß für Florence, mit aufgeschlossenem Sinn und wachem Blick die Welt und die Menschen um sich her wahrzunehmen.

Sehr bewusst durchlebte Florence die Werdejahre, in denen sie zugerüstet wurde. Ein fest umrissenes Ziel hatte sie noch nicht – sie tat nur den nächsten Schritt. Der führte sie für ein oder zwei Jahre in das Büro eines Cousins. Eintönig? Nicht für Florence. Mit Interesse verfolgte sie auf dem Papier, welchen Weg die Kohleladungen von diesem Ort aus durch ganz England nahmen. Und – sie konnte sehen. Sie sah scherzende, ungehobelte junge Frauen, die täglich aus den Fabriken strömten. Unversorgt, oft ungeliebt, vielfach verwehten Blättern gleichend. Freilich, die Kirche hatte versucht, ihnen ein wenig Liebe entgegenzubringen. Aber diese Liebe hatte wohl nicht den Klang, der ihr Ohr erreichte, denn achtlos gingen die jungen Frauen daran vorüber.

Florence, die einst die Kunstakademie besucht hatte, ging im Einvernehmen mit ihren Freunden, Bischof Jones und seiner Frau, fröhlich ans Werk: Sie sammelte eine wachsende Gruppe junger Arbeiterinnen um sich. Florence beeinflusste sie alle mit ihrer intensiven Liebe. Dabei ging es ihr vor allem um die Reinheit der Gedanken und Sinne.

Dienend und liebend wuchs sie hinein in den Dienst der Gemeinde, in Kindergottesdienst und Jungschar. Ihr Herz weitete sich, indem sie die Liebe Jesu weitergab. Immer mehr Menschen fanden darin Raum, bis hin zu den Angehörigen fremder Rassen. Sie trug auch in dieser Beziehung dazu bei, zu sammeln, zu beten und zu geben.

Aber der Ruf von »drüben« tönte immer dringlicher an ihr Ohr. Sollte er ihr noch persönlicher gelten? Sie glaubte es. Entschlossen betrat sie den unbekannten Weg. 1920 meldete sich Florence bei der Church Missionary Society und stellte sich für den Dienst einer Missionarin in Übersee zur Verfügung. In welchem Land? Sie wusste es nicht. Sie quälte sich auch nicht damit, sich diesbezüglich Gedanken zu machen. »Ich möchte dem Herrn Jesus Christus dienen, so gut es mir immer möglich ist«, gab sie als Begründung an. Ihr Herz war Jesus Christus lebendig zugewandt, darum konnte sie in der Wirrnis verschiedener Möglichkeiten auch in geringfügigen Begebenheiten seine Fußspuren erkennen. So kam es, dass sie etliche Wochen später anlässlich eines Gesprächs mit Bischof Willis von Uganda wusste: Dies ist der Weg. Uganda war das Land, in das Gott sie rief.

Es sind aus jener Zeit noch Briefe vorhanden. Die folgenden Auszüge lassen uns etwas von der Einstellung zum Leben erkennen, die Florence damals hatte. Verheißungsvoll leuchtet schon etwas von dem auf, was in späteren Lebensjahren charakteristisch für sie war: sowohl das Ja zum Leben als auch das vorbehaltlose Ja zu Christus, dem lebendigen Herrn.

»Wenn ich daran denke, wie Christus mein ganzes Sein ergriff, ist mein Herz erfüllt von Freude. Die vergangenen Wochen waren so beglückend, denn ich merkte auf diese Weise voller Gewissheit, wie mein Herr mich zu sich hinwandte. Er weiß, dass es nichts gibt, was ich mir nur halb so sehr wünsche.«

Und folgenden fröhlichen Rat gab sie einer Freundin, die Ferien hatte:

»Beschwere deinen Kopf nicht mit theologischen Problemen. Lies Bücher, die möglichst nur ein halbes Dutzend Zeilen je Seite haben, und widme dich ihnen in aller Ruhe. Es wird dich herrlich entspannen. Also zerbrich dir nicht den Kopf über dich selbst. … Freue dich an Himmel und Sonne. Genieße den Duft von Baum und Blüte. Das ist in jeder Beziehung gesund. Lass einmal das Rätseln um knifflige Fragen. So wirst du, wenn du zurückkehrst, doppelt klar sehen und mit neuer Freude schaffen. Weißt du, eines vom Besten während der Ferien ist: Ich wünsche nichts und will nichts, aber ich lobe Gott für alles. Preise ihn allezeit für die kleinen zarten Blätter und das satte tiefe Grün der Bäume, für alle Güte, die dir in diesen Wochen begegnet. Lass deinen Urlaub nur einen nie endenden Dank für all die kleinen, schönen Dinge sein und vergiss einmal dein großes, kämpfendes Ich mit all seinen Verkehrtheiten. Dann aber komm zu uns zurück – klar und belebend. Mögen wir dann auch einen Schein der Herrlichkeit Gottes sehen.

Ganz zu lieben, von ganzem Herzen zu suchen und ganz glücklich zu sein – das ist vielleicht das Schwerste von allem. Wie starr wird unser Leben, wenn es allein von der Vernunft her geführt wird! Wird sie je einen Menschen veranlassen, sich in eine aussichtslose Schlacht zu begeben? Es war auch nicht die Vernunft, die Christus trieb, die Sünden der ganzen Welt auf sich zu nehmen und sein Leben für andere hinzugeben. Der Verstand lässt uns furchtbar vernünftig handeln, aber wenn wir Gott erkennen, spiegelt sich etwas von seinem Glanz in unserem Leben wider. Von der Glut seiner Liebe ergriffen, kann man auch die Aufgaben übernehmen, derentwegen man uns ›Toren‹ schimpft. Inmitten eines solchen Tuns bricht die Freude Gottes wie jubelnder Lobgesang in uns auf.

Gerade jetzt sah ich wohl zum allerersten Mal, wie dringend die Welt das helle, klare Licht der Güte Christi braucht. Denn es dringt hinein in all die Erstarrung unseres Lebens und macht es empfindsam und empfänglich.«

Florence wusste aber auch von dem Kampf, den es kostet, wenn aus der Gottes-Erkenntnis Leben werden soll: »Wie ist es nur möglich, dass ich zeitweise dahinschlendere, als wäre Gott nicht da? O ja, ich habe solche Zeiten, und sie sind meine Sünde. Wie ein Frost legen sie sich über das große Sehnen, das doch auch vorhanden ist. Das ist es, was einen erschrecken lässt – die eigene Oberflächlichkeit.

Ich fürchte, meine Sünde ist Ziellosigkeit. Das Ziel lässt sich nur sehr schwer ausmachen. Das Leben ist so drängend, und ich meine, es müsse wieder ganz neu anfangen. Ich werde wohl mein Leben lang immer wieder Altes einreißen und ein Neues suchen, und wahrscheinlich werde ich mir dabei immer wieder die Finger verbrennen! Aber Gott bewahre mich vor allem gemächlichen Trott in den gewohnten Bahnen.

Ich wünsche dir so viel Gutes, aber es sind nicht die Dinge, die uns wie selbstverständlich zufallen, auch nicht Erfolg – ja, nicht einmal das, was man ›ein befriedigendes Leben‹ nennt. Wenn ich es nur recht sagen könnte! Ich glaube, ich wünsche dir, dass dir das Wissen erhalten bleibt, dass du dich keiner niedrigen Gesinnung ergeben kannst.

Möchtest du nicht alles daransetzen, um Christus näherzukommen? Ich hungere so nach echtem Leben, dass es schmerzt. Alle diese Jahre hindurch erklomm ich allein den steilen Pfad. Ist es da ein Wunder, dass ich nicht weit kam? Nun wanderst du mit, und es ist gut so.

Es ist schrecklich, schwach zu sein, wenn Kraft nötig wäre – schrecklich, so wenig auszurichten, während die Welt nach Menschen schreit, die neue Wege zu führen vermögen. Ich hasse, hasse,

hasse, in der Mittelmäßigkeit stecken zu bleiben und nicht mehr zu sein als nett, aber langweilig. Oh, diese Welt kann nicht das Letzte sein, sonst wäre nicht so viel Sehnsucht nach einem Sein in uns gelegt worden, das weit über das hinausgeht, was wir hier vermögen. Dieses Leben, das den Todeskeim schon in sich birgt, wäre nicht zu ertragen, wüsste man nicht um den Tag, da wir vollends in der Wahrheit leben werden.

Lass uns unermüdlich füreinander beten. Mut brauche ich, mehr als alles andere. Und doch – ich möchte Gott schauen – darin liegt alles andere. … Deine Gebete bedeuten mir so viel. Ich glaube, dass aller Dienst, in jener Liebe getan, die nicht berechnend ist, nicht untergehen kann. Er ist genau wie ein Kunstwerk. Sobald sich aber unser Ich einschleicht, beginnt die Unvollkommenheit, und es fehlt die Kraft, die ihn lebendig erhält. Rücksichtslos gegen dieses alte Ich anzugehen, heißt die Forderung, wenn wir in die Reihen der priesterlichen Schar eintreten möchten.

Die Idee des ›lieben Gottes‹ ist einfach unmöglich. Er ist millionenfach größer als unsere erhabensten Vorstellungen über ihn. Er ist Herr, voll Glanz und Reinheit, unvorstellbar. Manchmal meine ich, der Schleier hebe sich ein klein wenig. Dann ahne ich etwas von der Größe dessen, der vor mir hergeht in der Fülle der Liebe und eines großen Erbarmens. Ich höre seinen starken Ruf und kann nicht anders, als mich aufzumachen – ihm nach.

Gut, nett und pflichttreu sein – nie, nie ist das genug. Ich möchte ihn, Christus, das Leben. Er muss mich anrühren, zu mir reden, mich zurechtweisen, ich aber möchte ihn lieben. Worte, Gedanken und Wissen sind gut und schön, aber dem Verschmachtenden helfen sie nicht. Gott weiß um den verzehrenden Durst meiner Seele. Er muss mich bevollmächtigen, damit ich ihm an seinen Geschöpfen dienen kann, denn kann man andere weiter führen, als man selbst ist? Ich kann nur dann von Nutzen sein, wenn Christus in mir lebt. Vielleicht muss ich danach mein Leben lang suchen. Es ist nicht leicht, findest du nicht auch?«

Uganda

Schwere Anker bohrten sich in den Grund. Gelb färbte sich das Wasser vom aufgewühlten Sand. Dann lag der große Ozeandampfer fest. In einer Menge lachender und aufgeregter Menschen ging auch Florence mit ihren Reisebegleitern und vertrauten Freunden, Bischof Gresford Jones und seiner Frau, an Land. Noch im Jahr ihrer Meldung war sie ohne weitere Ausbildung ausgesandt worden!

Das also war Afrika, der Erdteil glühender Sonne und gelben Sandes, glutvoller Hoffnungen und heißer Tränen, der Kontinent der tiefen, geheimnisvollen Urwälder. Im Osten dieses Erdteils lag Uganda, das Reiseziel der kleinen Gesellschaft. Es sollte für Florence Heimat werden – nein, nicht Heimat, sondern Ort ihres Einsatzes im Kampf der Liebe um eine angst- und hasserfüllte Welt.

Schon etwa 30 Jahre vor der Jahrhundertwende hatte die Church Missionary Society dort die Arbeit aufgenommen. Der Anfang war hart gewesen. Sterbend hatte Bischof Hannington unter den Speeren der wilden Krieger Mtesas ausgerufen: »Sagt dem König, dass ich für Uganda sterbe und dass ich eine Straße dorthin mit meinem Blut erkauft habe.«

Als Pionier hatte er den Weg gebahnt. Andere mussten folgen. 1875 schrieb H.M. Stanley von dort an den *Daily Telegraph*: »Es gibt in der gesamten heidnischen Welt kein verheißungsvolleres Gebiet für die Mission als Uganda.« Er bat um Menschen, und der Ruf wurde gehört. In der Heimat wurden Glaube und Liebe wach, und Gelder wurden frei für die große Aufgabe, das Evangelium nach Uganda zu bringen. Acht Missions-Kandidaten machten sich im Jahre 1877 im Auftrag der Church Missionary Society auf den Weg, aber nur zwei erreichten das Ziel. Die Übrigen waren den Strapazen der Reise und des Klimas erlegen. Nach etwa 40 Jahren bekannte sich beinahe ein Drittel der Bevölkerung zum christlichen Glauben. Es gab lebendige und große – wenn auch weit zerstreute – Gemeinden, als Florence nach Uganda kam.

Aber auch die dämonischen Einflüsse des Heidentums und die große Einsamkeit waren greifbar geworden. Das in der Region Busoga gelegene Iganga (die Station, für welche die junge Missionarin bestimmt war) hatte außerdem ein sehr ungesundes Klima. Bischof Tucker, einer der Pioniere, schrieb einmal: »Es ist, als liege die ganze Natur verschmachtet, ausgedörrt und leblos da – gleichsam im Banne einer bedrückenden Atmosphäre, die an den Nerven zehrt und Leib, Seele und Geist bedroht.« Auch Florence' Reisebegleiter äußerte sich ähnlich, indem er sagte: »Vielleicht macht sich nirgends in Uganda das Böse in Gestalt seelischen Drucks im gleichen Maße wie hier bemerkbar.«

Sieben junge Missionarinnen waren innerhalb von sieben Jahren nacheinander auf die Station Iganga gesandt worden. Nicht eine war willig gewesen zu bleiben – warum? Es lag nicht nur am schwächenden und nervenzerreibenden Klima; noch größere Not bereitete ihnen in Iganga das Temperament der leitenden Missionarin. Sie war vom Typ der Pioniere, besaß hervorragende Qualitäten und war unermüdlich tätig. Ohne jede andere Hilfe hatte sie durch das Niederbrennen ganzer Dörfer Pest-Epidemien eingedämmt. Sie gab sich den Einheimischen uneingeschränkt hin und erwartete von anderen dasselbe. Alle modernen Ideen über neue Wege in der Mission, welche die Gemüter der jungen Mitarbeiterinnen bewegten, lehnte sie rundweg ab. Seelen zu retten, war ihr Ziel, als sie nach Uganda kam – und gerettet wurden sie, auch wenn sie gelegentlich drastische Methoden gebrauchte und es keine Mitarbeiterin während der vergangenen Jahre bei ihr ausgehalten hatte.

Als Florence voll guten Willens und mit hohen Zielen dort ankam, fand sie den einzigen Wohnraum in zwei Hälften geteilt. In der einen Hälfte waren alle Möbel der älteren Missionarin zusammengepfercht, in der anderen Hälfte herrschte gähnende Leere. »Diese Hälfte steht Ihnen zu«, wurde ihr mitgeteilt.

Fremde Laute umschwirrten Florence. Sie verstand kein Wort. Und doch musste sie sofort die Leitung der Mädchenschule übernehmen; »Höhere Schule für Häuptlingstöchter« nannte sich diese. Natürlich konnten ihre Schülerinnen kein Englisch. Die verantwortliche Missionarin aber ging ihren eigenen Weg, behandelte die Kranken, machte Hausbesuche und überließ es der Jüngeren, »zu schwimmen oder zu ertrinken«.

Im ersten Brief in die Heimat gab Florence etwas von diesem Anfangsleben wieder: »Endlich in Busoga, und es *ist* eine Aufgabe! Wir haben nämlich ›das‹ Mädcheninternat von Busoga. Niemand versteht Englisch, die einzige Europäerin, die außer mir am Ort ist, hat die Frauen- und Krankenarbeit. Sie ist robust, und meine Vorgängerin war bald am Ende mit ihren Nerven. Nun sitze ich drin! Aber es ist eine große Aufgabe; hier soll ein neuer Stand von Busoga-Frauen herangebildet werden. Ist das nicht eine prachtvolle Arbeit? Ich bin mächtig froh darüber. Dank sei Gott für diese vollkommen unmögliche Situation!«

Florence' klare Augen ließen sich nicht beirren. Vom Anfang bis zum Ende ihrer Uganda-Jahre richteten sie sich stetig und unbestechlich auf Positives und Negatives in ihrer Umgebung. Von Natur aus streckte sich ihr ganzes Sein dem Schönen und Frohen entgegen. Doch wenn Leid und Sorge kamen, stellte sie sich ihnen und wich der Begegnung nicht aus. Sie hielt fest daran, dass Freud und Leid das Kunstwerk unseres Lebens gestalten.

Drei Wochen nach ihrer Ankunft erzählte sie von einer Geburtstagsfeier mit ihren schwarzen Schülerinnen. Das große dunkle Schulzimmer war festlich erhellt. Im Schein zweier schöner Lampions saßen alle im trauten Kreis am Boden, sangen fröhliche Lieder und freuten sich an den tanzenden schwarzen Mädchen. Florence amüsierte sich köstlich und hätte am liebsten die ganze Vorführung nach London versetzt.

Zur gleichen Zeit schrieb sie aber auch: »Wie sehr brauche ich Gott hier. Alles ist so schwierig. Es gibt in allem so viel Ungutes. Immer wieder sage ich mir, dass ich für Christus hier stehe und dass die notvollen Dinge ebenso wie heiliges und stilles Erleben dazugehören, wenn Gott mich gebrauchen will. Deshalb danke ich ihm, dass ich hier bin und dass ich es nicht leicht habe. So habe ich es mir immer gewünscht.«

Trotz aller Entmutigungen und Schwierigkeiten schrieb sie nach acht Monaten: »Ich fange an, meine Arbeit lieb zu gewinnen. Hätte ich nur eine Kameradin, mit der ich alles besprechen könnte. Ich wäre über alle Maßen glücklich.« Und gegen Ende ihres ersten Afrika-Jahres: »Beinahe ein Jahr ist vorüber. Alles hat mich froh gemacht, denn wirklich – es war echtes Leben.«

Florence ersehnte nicht die leichten Dinge, sondern die wirkliche Erfahrung – sei sie nun gut oder schwer. Denn daran wächst man. Ihr erstes Uganda-Jahr bot alle Gelegenheiten dazu. Es war voll von den verschiedensten Erlebnissen. Was ihre Mädchen betraf, so fand sie diese genauso schwierig wie die Mädchen daheim im Klub und genauso liebenswert! Sie waren »argwöhnisch, kindisch, nachlässig, langsam; sie konnten auch mal richtig über die Stränge schlagen. Der Musoga[1] ist nicht so strebsam wie der Muganda. Der Letztere möchte lernen, der Erstere denkt nicht daran. Kannst du dir 40 Mädchen vorstellen, unter denen niemand Lust hat zu lernen? (Doch, zwei möchten wohl.) Und dies ausgerechnet bei mir mit meinem raschen Temperament! Sooft ich ein Mädchen an die Tafel rufe, muss ich mindestens dreimal fragen, bis sie überhaupt herhört. Dann sieht sie mich erstaunt an, erhebt sich langsam und bequemt sich schließlich nach vorn. Ich möchte hinter ihr hergehen und sie schütteln! Du kannst dir nicht vorstellen, welche Geduldsprobe das ist! Und dann die Unmöglichkeit, die Mädchen zur Sauberkeit zu erziehen. Man muss einfach immer selbst da sein. Denk dir nur, ich machte die großen Mädchen für die kleinen verantwortlich, insbesondere müssen sie wegen der Sandflöhe deren Zehen kontrol-

1 Anmerkung des Herausgebers: Laut Internet ist der Musoga (Einzahl) Angehöriger des Busoga-Stammes. In diesem Fall stimmen also der Stammesname und die Bezeichnung der betreffenden Region überein.

lieren. Und was passierte? Bei einer nicht angekündigten Inspektion fand ich, dass manche Kinder bis zu fünfzehn Sandflöhe zwischen den Zehen hatten. Es gab ein Donnerwetter mit dem Erfolg, dass alle Verantwortlichen beleidigt waren. Es war im Grunde nichts mit ihnen anzufangen. Den rechten Ton zu finden, um sie wirklich zu erziehen, ist so schwierig, dass die meisten Missionarinnen an der Aufgabe verzweifeln und jeden Versuch aufgeben. Aber ich kann die Mädchen nicht im Stich lassen, denn ich habe sie alle lieb, deshalb mühe ich mich mit allen Kräften, nicht bei den vordergründigen Dingen stehen zu bleiben, sondern zum Kern durchzustoßen.«

Reiches Schaffen – große Möglichkeiten. Doch aus dem undurchdringlichen Busch schienen beängstigende, aufreibende Dinge auf sie einzustürmen – Tag für Tag, und vor allem Nacht für Nacht. Die einsame Frau lauschte in die aufreizende wilde Musik der tropischen Nacht. Sollte die Angst sie packen, die lastende Schwermut? Es war Kampf bis aufs Letzte. Doch hier war ihr Platz, und hier galt es, »zu stehen und zu siegen«.

Florence hielt dem Kampf und der Einsamkeit stand, aber sie hielt auch Gottes Reden und der Demütigung stand, und ihr Herr und Erlöser war ihr nah, sodass sie seine Kraft und Wirklichkeit neu erlebte: »Da ist diese große Einsamkeit, die entmutigende Arbeit – die Schwierigkeiten der Sprache und Ratten im Schlafzimmer, gleich ganze Mengen, während draußen im Garten Leoparden und Hyänen schleichen und das Heulen des Schakals einen nicht zur Ruhe kommen lässt. Heute tauchte wieder eine schwarze Schlange auf, etwa zwei Meter lang, gerade vor meiner Tür. Und dann die Ameisen – zu Hunderten kamen sie. Es gilt, allen Mut, den man hat, zusammenzunehmen und zu kämpfen, um nicht unterzugehen. Und doch – ist es nicht merkwürdig? Ich war diese Monate glücklicher als je zuvor, denn man ist jederzeit ganz auf Gott geworfen.«

Die Schule der Liebe

Zwei Monate später kam die Pest. Schauerlich dröhnten Tag und Nacht die Totentrommeln. Florence war bereit, unter Einsatz ihres Lebens mitzukämpfen, zu pflegen, zu dienen. In Sturm und Sonnengluten reift langsam köstliche Frucht für den, der sich dem Leben stellt.

Depressionen? Nerven? Florence kannte diese Versuchungen gut. »Liebe ist etwas so atemberaubend Schönes, ich berührte noch nicht einmal ihren Saum«, hatte sie von Sheffield aus geschrieben – kurz vor dem Verlassen der Heimat. Nun wurde Uganda die Schule der Liebe. Sie wollte lieben, aber war das denkbar mit ihrer Mitarbeiterin? Die Gemeinschaft mit dem ihr am nächsten zugeordneten Menschen, das war der ganz akute Kampf, den die junge Missionarin ausfechten musste. Diese Frage nahm sie in Anspruch, kaum dass sie Afrikas Boden betreten hatte. Da schon erzählte sie von einer jüngeren Missionarin, die die Probe nicht bestanden hatte, und nahm sie in Schutz. »Es war einfach zu schwierig für sie. Ich bin aus härterem Holz geschnitzt und hatte es nie leicht im Leben. Wenn man sich außerdem die Mühe macht und den Dingen auf den Grund geht, merkt man, dass niemand sich zum Schaden der Gemeinschaft verhalten will. Man entdeckt dann, dass die Betreffenden meist selber bittere Erfahrungen machten und vom Leben enttäuscht sind. Ich möchte sie so gerne aufrichten. Du tätest das gewiss auch. Nur dann, wenn man sich in den Dienst des Aufrichtens hineingibt, gewinnt man Mut und Freude, es immer wieder zu versuchen. Wenn Menschen unfreundlich sind, sitzt tief im Innern eine Wunde.«

»Meine Mitarbeiterin ist in mancher Hinsicht so wertvoll, aber tatsächlich ist Iganga eine hoffnungslose Situation. Das wird auch daran deutlich, dass alle meine Vorgängerinnen es nicht länger als etliche Monate hier aushielten. Dann waren sie ›erledigt‹, denn das Klima ist so ungesund und macht einen krank und elend. Sie allein hielt durch, aber nun ist sie nervlich am Ende, wobei sie unter schrecklichen Ausbrüchen ihres Temperaments leidet. Manchmal spricht sie zwei Tage lang kein Wort, gerade jetzt haben wir drei Wochen hinter uns gebracht, in denen es nicht *einmal* ein gutes Gespräch gab, geschweige denn ein Lächeln auf ihrem Gesicht.«

»Das Unangenehme ist, dass ich als Neuling so abhängig von ihr bin, weil ich die Sprache noch nicht kann. Jede Stunde des Tages muss ich ihre Hilfe in Anspruch nehmen. Ginge es nicht darum, könnte ich mich einfach zurückziehen, bis sich der Sturm einigermaßen ausgetobt hat. Es sind deshalb zwei Dinge, die du für mich erbitten sollst. Das eine ist die Sprache und das andere Barmherzigkeit. Dann kann ich ihr zur Seite stehen und alles mittragen. Sobald ich aber meinerseits empfindlich und ärgerlich bin, werden die Zustände unerträglich.

Natürlich ist es nicht immer gleich schlimm. Sie hat tatsächlich so viel Gutes, wie ich oben erwähnte, und wir könnten es so schön miteinander haben. Ist es nicht ein Jammer, dass wir das nicht fertigbringen? Es scheint mein Los zu sein, nie ein freundliches Zuhause zu haben. Natürlich wirkt sich alles auch sehr ungut auf die Mädchen aus. Sicherlich ist es nicht richtig, meine Mitarbeiterin einfach laufen zu lassen, ich muss ihr durchhelfen. Aber ach, wenn das alles wäre und nicht auch noch das Erlernen der Sprache und das ganze Alleinsein auf einem lasteten; dazu das eigene Versagen! Aber denke nun nicht, ich sei unglücklich. Ehrlich, ich bin es nicht. Vielleicht bin ich sogar für diese Arbeit prädestiniert, denn ich hatte ja nie eine Heimat voller Wärme. Aber bete weiterhin für mich, dass Gott mir nahe ist und meine Gedankenwelt ordnet und dass mein Denken von Liebe und Verständnis geprägt ist! Eine Liebe, die nur herzlich ist, wenn die anderen nett sind, ist wertlos.«

Dennoch – Florence war am Verzweifeln. Sie spürte erschreckend, wie sie den Grenzen ihrer Tragkraft immer näher kam. Es schien ihr, als könne sie ebenso gut nach England zurückgehen, statt hier ihre Kräfte beinahe sinnlos zu zerreiben. Unerbittlich ging Florence mit sich ins Gericht. Was war mit ihrer Arbeit? Sie vermochte nicht, die Gesinnung Jesu in der Schule auszustrahlen; die Kinder spürten, dass die Atmosphäre vergiftet war. Es war für Florence *die* Krise ihres Lebens. Wie sie diese Krise bestanden und durchlitten hat, sollen ihre eigenen Worte wiedergeben:

»Ich war jung, und ich war die achte Missionarin, die nach Iganga gesandt war. Keine hatte länger als zwei Jahre ausgehalten. Mein Gewicht sank auf 49 Kilogramm, wobei Geist und Seele im gleichen Maße dahinwelkten. Eines Tages ging es einfach nicht mehr. Ich saß auf der Veranda – allein, bitterlich schluchzend. Unheimlich und drohend stand der Urwald ringsum. Alles war unbeschreiblich trostlos. Weil ich in meinen Kummer um den Zerbruch meiner hohen Lebensziele versunken war, überhörte ich die leisen Schritte der afrikanischen Schulleiterin. Sie muss mich ein Weilchen verwundert betrachtet haben, dann setzte sie sich als Glaubensschwester zu mir. Lange Zeit schwieg sie, um endlich langsam Folgendes zu sagen: ›Ich lebe nun schon fünfzehn Jahre auf dieser Missionsstation. Eine nach der anderen von euch sah ich kommen und gehen. Jede sagte dasselbe – nämlich, dass ihr gekommen seid, uns den Heiland, den Retter der Welt, zu bringen, aber bis heute sah ich noch nicht, dass er *die Situation hier* gerettet hätte.‹

Diese Worte brachten mich mit einem Schlag zur Besinnung. Das war ja mein Problem. Ich kannte den Herrn genügend, um zu wissen, dass er seinen Nachfolgern gebietet, auch die Feinde zu lieben. Und nun betete ich, dass eine solche Liebe mich erfüllen möge. Obwohl ich ihre Größe und ihr tiefes Geheimnis nicht kannte, betete ich wie nie zuvor um dies eine.

Langsam begann ein Neues. Während meine Mitarbeiterin zuvor in fürchterlicher Laune umhergegangen war und alle und alles durcheinandergebracht hatte, während ich schwermütig und mechanisch meinen Dienst in der Schule tat, fanden wir nun Schritt für Schritt Mittel und Wege, einander die Last zu erleichtern. Sie war von Natur aus großzügig, und ich muss bei ihrer großen Übermüdung eine sehr schwere Belastung für sie gewesen sein. Und nun, als wir beide in einer neuen Lebendigkeit immer mehr gemeinsam voranschritten, änderte sich plötzlich von innen her der ganze Charakter der Arbeit. Wir hatten etwas von echter Liebe vorzuweisen, die bei uns aufgebrochen war. Das sahen und spürten alle. Sie wurden offener uns gegenüber, sie waren ja nun nicht mehr in Sorge, in welcher Stimmung sie uns antreffen würden. Es ist eine lange Geschichte, von der ich hier nur die Hauptsache erwähnen kann, und beinahe sieht es so aus, als hätte ich die Änderung zustande gebracht. Dem ist jedoch gewiss nicht so. Ich war im Begriff, an genau derselben Stelle, da meine ältere Kollegin unterlegen war, ebenfalls zu fallen – aber die alte afrikanische Schulleiterin zog mich empor.«

So umwälzend und tief greifend war dieses Erleben, dass Florence nur ungern darüber sprach. Die Kräfte, nach deren Freiwerden sie sich einst gesehnt hatte, waren gelöst. Florence war befreit zu einem lebendigen Schenken. Sie entschloss sich zu bleiben – und es dem Herrn Jesus Christus zu überlassen, die Situation zu retten.

»Plötzlich ging mir auf«, erzählte sie später, »dass es völlig gleichgültig war, was aus mir wurde; wichtig allein waren Gott und mein Nächster. Und damit wurde alles anders. Ich hörte auf, mich um mich selbst zu sorgen. Obgleich es nicht einfach war, bauten wir miteinander eine gute Kameradschaft auf, zum Nutzen der ganzen Arbeit.

Wir beide hatten Freude an Büchern, nun lasen wir manches Buch gemeinsam. Die ganze Atmosphäre änderte sich. Die Kinder merkten es zuerst, sie wollten an einem solchen Leben der Liebe teilhaben, und man sah kleine, mutige und selbstlose Taten der Liebe, die zuvor nie geschehen waren.«

Ein ganzes Jahr hindurch las Florence täglich das 13. Kapitel des 1. Korintherbriefs, das Hohelied der Liebe. Das Leben in den Fieberdünsten des heißen Klimas wandelte sich von schmerzender Qual zum spannenden Abenteuer. Die ältere Missionarin gewann Florence sehr lieb, und auch diese konnte in späteren Briefen schreiben, dass sie sie wirklich sehr lieben lernte. Als für Florence der Urlaub herannahte und die Möglichkeit der Wiederausreise nach Uganda besprochen wurde, sagte sie: »Dieser Ort des Kampfes wurde die beste Heimat, die ich je hatte – und meine Kollegin war es, die sie mir während des letzten Jahres bereitet hat.«

Die geistliche Erneuerung, die Florence in Uganda erlebte, war die Grundlage für alles, was sie später an zahlreiche angehende Missionarinnen weitergab. Wenn sie mit ihnen über »Liebe« redete, wusste sie, wovon sie sprach. Sie wusste auch um den Preis der Liebe.

Ihre schwer errungene Erfahrung macht jeden Satz des folgenden Abschnittes bedeutsam. Er stammt aus einer Ansprache, die sie vor Ausbruch ihrer letzten Krankheit hielt:

»Einen Menschen lieb zu haben, heißt, Ja zu ihm zu sagen und ihn zu lieben, so wie er ist. Wenn ihr mit eurer Liebe wartet, bis der andere frei von seinen Fehlern ist oder bis er sich geändert hat, dann liebt ihr nur ein Wunschbild. Er ist so, wie er jetzt und heute ist, und so will er geliebt werden. Ich liebe nur dann, wenn ich dem anderen erlaube, dass er mir damit, wie er ist, auch Not machen darf. Ich muss den Schmerz ertragen lernen, dass ich ihm voll froher Hoffnung und Erwartung begegne und dann doch merken muss, dass er mich gelegentlich schwer enttäuschen kann. Noch einmal, jemanden mit der Liebe Christi zu lieben, heißt zuerst, ihn so anzunehmen, wie er ist. Dann geht es aber auch darum, ihn einem Ziel entgegenzuführen, das er selbst noch nicht sieht. Eben weil ich ihn liebe, will ich alles, was in seinem Wesen gegen Gott steht, mit der Energie der Liebe angreifen. So ist Jesu Liebe – völlig frei von eigenen Interessen. Er nimmt dich an, so wie du bist, mit all dem, was in deinem Wesen nicht liebenswert, sondern enttäuschend oder schmerzvoll ist. Seine Liebe liebt, wie immer die Antwort sein mag; sie vergibt und vergibt ohne Ende.«

Wenn ihr in späteren Jahren eine ihrer Schülerinnen von sehr schwierigen Verhältnissen berichtete, schrieb sie öfters zurück: »Gut so, das ist deine Gelegenheit, lass sie nicht ungenützt vorübergehen.« Doch obwohl diese Auffassung vom Leben als Forderung und Antwort zentral in ihrem Denken war, blieb ihre Überzeugung von der Macht der Liebe, die über jedes Hindernis triumphiert, mit einer scharfsinnigen Einsicht in das Wesen der betreffenden Menschen und Verhältnisse verbunden. Sie wusste nicht nur, dass man den Anforderungen oft nicht recht entsprach, sondern sah auch, dass nicht jeder die Befähigung dazu hatte. »Es ist nicht recht«, pflegte sie in Gedanken an solche zu sagen, denen die erforderliche Reife fehlte, »sie einer so schwierigen Situation auszusetzen.«

Trotz des ungünstigen Klimas, der schlechten Gesundheit und der persönlichen Probleme leistete Florence in der Schule Erstklassiges. Sie war innerlich selbstständig genug, um die Schule so zu führen, wie sie es für richtig hielt. So wurde dem Gartenbau viel mehr Raum im Lehrplan eingeräumt, als es sonst üblich war, denn es war eines der dringendsten sozialen Anliegen, der einheimischen Bevölkerung zu helfen, ihr Land recht zu bebauen. Es war natürlich ein spannendes Ereignis, als die Phelps-Stokes-Erziehungskommission[2] auch in das entlegene Iganga kam. In ihrem Bericht nahm diese Kommission auf die Arbeit der Mädchenschule Iganga Bezug und bezeichnete sie als eine ganz besonders wertvolle Arbeit. Das war ein hohes Lob aus dem Munde von Sachverständigen in Erziehungsfragen.

In einem Artikel, der später in der Heimat veröffentlicht wurde, gab Florence selbst einen Einblick in ihre Arbeit an der Schule: »In unserem Mädcheninternat in Iganga sind uns etwa 100 Mädchen im Alter von 5 bis 20 Jahren anvertraut. Ich kann mir keine faszinierendere Aufgabe vorstellen. Was für eine Bedeutung liegt in der Tatsache, die Kinder immer im Haus zu haben und ihre besondere Eigenart herauszufinden! Weiter besteht der Vorteil darin, einen geregelten Unterricht und die Möglichkeit zu haben, sie zu Ordnung, Sauberkeit und Disziplin zu erziehen. Und dann ist da die Freude, wenn wir die ersten Anfänge von Selbstbeherrschung beobachten können! Man braucht nur einmal für kurze Zeit in einer Tagesschule gearbeitet zu haben, um den großen Vorzug des Internats

2 Anmerkung des Herausgebers: Bezeichnung der Kommission, die in den 1920er-Jahren die Schulverhältnisse in Ostafrika erkundete und deren Forderungen an das britische Kolonial-Ministerium weitergeleitet wurden.

zu empfinden. Von nicht geringer Wichtigkeit ist das Leben außerhalb der Schulstunden. Hier lernen die Mädchen in Haus und Küche und in ihrer freien Zeit, dass ihr Leben hier mit der Wahrnehmung von Verantwortung verbunden ist. Nur im Zusammenleben werden Ecken abgeschliffen. Da vor allem lernen sie das große Gesetz der Liebe und die Bereitschaft zum Helfen.

Ich begann folgendermaßen: Alle älteren Mädchen mussten jeweils eines der kleinen betreuen, sie hatten die Verantwortung für das Wohlergehen und das gute Verhalten ihrer Schützlinge. Das führte anfangs zu aufregenden Begebenheiten. Man konnte etwa sehen, wie eine der Älteren ihren aufrührerischen Schützling wütend auf meine Veranda zerrte. ›Dieses Kind enttäuscht mich restlos‹, sagte sie mit einer Stimme, die vor Entrüstung zitterte. ›Es gehorcht nicht, es tut überhaupt nichts von dem, was ich sage.‹ Man konnte es kaum glauben, wenn man die kleine unterwürfige Gestalt zwischen ihren Knien sah. Aber ich blieb so ernst wie möglich und sprach eindrücklich mit der Kleinen über ihre Unart. Nachdem der Tumult für den Augenblick gestillt war, sah ich den beiden nach, wie sie langsam den gewundenen Pfad hinuntergingen. Die Ältere schritt erhobenen Hauptes voran – zwar in ihrer Ehre gekränkt, aber dennoch ihre Würde wahrend. Die Kleine trottete hinterher – bemüht, eine demütige Haltung anzunehmen. Man spürte aber deutlich, dass sie gleichzeitig krampfhaft bestrebt war, die Zunge nicht gegen die majestätische Gestalt da vorn herauszustrecken.

An unsere Schule ist ein Lehrerinnen-Seminar mit 20 bis 30 Seminaristinnen angeschlossen. Schwierig ist, dass die eine Frau, welche die Verantwortung trägt, alles in sich vereinen soll: Aufgaben in der Schule und im Seminar sowie weite Fahrten per Rad durch den Busch. Und doch brauchen die Mädchen und Frauen Busogas mehr als je zuvor sorgfältige Unterweisung und ein liebendes Eingehen auf jeden Einzelnen.

Busoga ist eine Region, die Herzblut kostet. Allein Gottes Kraft kann hier Neues schaffen, aber sie genügt auch, und wir dürfen mitwirken durch das Erbarmen und Verstehen, mit dem wir allen begegnen. Vom nachtdunklen Hintergrund heben sich schon einige helle Lichter ab. Da ist ein Mädchen, das mit nimmermüdem Glauben gegen eine Welt von Schwierigkeiten fest steht, und dort ist eine Frau, die sich ähnlich verhält. Ein Glaube, der für uns, die wir das beobachten dürfen, ein Wunder ist und ganz gewiss schon ein Angeld dessen, was wir noch erwarten dürfen.«

In einem der jährlichen Berichte an die heimatliche Missionsleitung tritt ein Abschnitt hervor, der Einsicht, Geduld und Glauben des wahren Erziehers enthüllt. Florence selbst waren diese Eigenschaften reichlich verliehen.

»Es ist zugegebenermaßen gar nicht leicht«, heißt es da, »unser ungeduldiges Verlangen so zur Ruhe zu bringen, dass wir keinen überfordern und es unterlassen, Unmögliches zu verlangen. Trotz aller Enttäuschungen bleibt man erwartungsvoll, weil der Gedanke uns trägt, dass selbst bei den geringen geistigen Kräften der uns Anvertrauten kleine Samenkörner aufgehen und wachsen – und dass gewiss in jedem die Kraft Gottes befruchtend wirkt, denn sie ist stärker als die lange unheilvolle Vergangenheit, die hinter unseren Mädchen liegt. Wo Gott wirkt, beginnt ein Aufstreben und Wachsen von einem unzerstörbaren Zentrum her. Deshalb ist diese Aufgabe trotz der geringen Fortschritte, die man scheinbar macht, so ungeheuer fesselnd und angesichts aller Probleme auch voller Hoffnung.«

Als ihre ältere Mitarbeiterin auf Urlaub ging, stand Florence ganz allein. Sie hatte nun auch noch die Patienten zu betreuen. Diese Aussicht erschien ihr »ziemlich bedrückend. Allein – ohne Arzt und ohne Krankenschwester – auf einer Station zu sitzen, zermürbt einfach die Nerven, und es kommen Menschen zu uns, deren Behandlung so schwierig ist.«

Randvoll waren die Tage – noch mehr als zuvor, und ihr Herz weitete sich im mitfühlenden Annehmen aller, die Hilfe brauchten. Und wieder, wie einst in England, war noch Raum über die eigene Arbeit hinaus für die Probleme anderer Missionsstationen. Sie wusste, dass die Schwierigkeiten, die sie bedrängten, auch anderswo an der Tagesordnung waren.

»Ich hatte einige hässliche Erlebnisse«, erzählt ein Brief. »Nie zuvor sah ich die Schwierigkeiten so scharf, und doch darf man wohl sagen, dass unter uns einiges in Bewegung ist. Menschen merken auf einmal, wie jeder jedem wehtut, und sind auch willig zuzugeben, dass sie selbst andere verletzen. Offen gestanden, mir graut vor dem, was vor mir liegt, wenn ich hierbleibe. Es scheint mein Los zu sein, immer mit solch ungewöhnlich schweren Dingen konfrontiert zu sein und gegen harte Köpfe anzurennen, die alles Schlechte in mir auf den Plan rufen. Du hast keine solch hässliche Empfindung in dir und kannst daher vielleicht kaum verstehen, wie mich das alles bedrückt. Es ist ja so schwer zu unterscheiden, wo wir uns mit Recht zurückziehen und wo die Empfindlichkeit beginnt. Ich merke aber, dass ich da zur Klarheit kommen und standhalten muss. Es gibt sicher einen Weg hindurch. Um ihn zu finden, muss ich meine Rechthaberei aufgeben. Wo aber sollte ich das lernen, wenn nicht hier? Daheim habe ich von dieser Veranlagung kaum etwas gemerkt.«

Einer anderen Freundin schrieb sie: »Lass uns den Gedanken festhalten, dass wir nicht einer Institution dienen, sondern Mitarbeiter Gottes sind, ihm verantwortlich.«

Die Bemerkung, »dass man die Dinge nicht einfach laufen lassen kann«, war charakteristisch für Florence. Wo immer sie den Eindruck hatte, dass etwas verkehrt lief, wusste sie sich gerufen, in die Bresche zu springen und irgendwie zu handeln. So lebte sie dauernd im Stand der Bereitschaft. Das bedeutete freilich auch die Willigkeit, den Kampf mit dem Übel aufzunehmen, anstatt in falscher Weise alles unter den Teppich zu kehren.

In all ihren Briefen klang dieser Ton an. Sie schrieb z.B. einmal über den Umgang mit den Afrikanern: »Die Afrikaner sind bildungsfähig. Sie lernen rasch. Aber es bedarf einer unparteiischen Art, einer festen Hand und einer starken Geduld, die unermüdlich gegen ihre Fehler angeht. Es bedarf der großen Liebe, die weiß, dass jeder wertvoll ist.«

Das Empfinden für die Gefahr, sich von allen kleinen Dingen des Alltags verschlingen zu lassen, war immer wach. »O hilf mir bitte durch dein Gebet, dass ich mich von Gott bewahren lasse vor all der Kleinlichkeit, die überall herrscht und die sich wie ein dichtes Netz, über alles legen will.«

Eine eingeschränkte Lebensperspektive konnte sich beengend auf Florence legen. Sie schreibt einmal von solchen Gedanken angesichts eines großartigen Sonnenuntergangs: »Hinter dichten, sich immer neu auftürmenden Wolkenbergen versank die Sonne. Kein klares, stilles Untergehen, sondern gleichsam ein Ringen – und doch so siegreich. Ich saß und sann lange darüber nach, was doch der Sinn aller Dinge ist und was wir – du und ich – im großen Gefüge bedeuten: winzige Menschlein mit einem großen Glauben. Es ist nämlich gewaltig, das zu glauben, was wir glauben. Wir sind so armselig gegenüber einem solchen Sonnenuntergang, dass man denken könnte, es kommt gar nicht darauf an, was wir sind oder was wir tun, und doch ist es von solcher Bedeutung. Können wir sagen, weshalb? Das Sehnen nach Gott in unserem Herzen und unsere gleichzeitige Ablehnung – alles ist so verwirrend, so voller Widerspruch. Was alle hier benötigen und was in jeder Situation hier gebraucht wird, ist, dass wir mit Liebe durchflutet werden. Bei allem – wirklich allem – ist Liebe erforderlich.«

Und wieder: »Ehe wir hier neues Leben und von Gott gewirkte Veränderungen erwarten können, müssen wir selbst wohl ganz schlicht nach 1. Korinther 13 leben. Ich bin ganz gewiss, alles andere ist im Vergleich damit zweitrangig: Organisation, Sprachbegabung – alles ist nichts ohne Liebe.« – »Ich freue mich über alles, und ich bin ein unverbesserlicher Optimist. Ich sah so oft, dass Fehler korrigiert wurden, und immer wieder merkt man die führende Hand. Früher glaubte ich, Menschen besäßen oft eine große Macht, zerstörend in unser Leben einzugreifen, aber heute denke ich in gewissem Sinne anders. Ich glaube, wenn wir Gott lieben mit jener Geduld und Hingabe, die anderen Menschen unbegreiflich ist und die aus der Liebe zu ihm erwächst, dann sind wir grundsätzlich dem verderblichen Zugriff der Menschen entzogen; sie können unserem Weg nur scheinbar eine andere Richtung geben. Ich will damit Folgendes sagen: Wie immer es auch geht, so verwirklicht sich doch Gottes Plan und Wille in unserem Leben. Ein herrliches Bewusstsein der Geborgenheit!«

Trotz der beglückenden Änderung in der Zusammenarbeit zehrten Arbeit und Klima allmählich recht spürbar an Florence' Kräften.

»Wenn meine Briefe nicht immer so sind, wie sie sein sollten, trägt nur die depressive Iganga-Atmosphäre Schuld daran. Ihr könnt euch nicht vorstellen, wie sie einem zusetzt.« Und wieder: »Ich bin es müde, dass es für alle so schwer ist – müde, müde, müde.«

Einige Wochen später: »Ich bin von Gott weggewandert. Man wird so müde hier, zu müde sogar, um sich auf das Gebet zu konzentrieren. Ich fürchte, ich bete nur dann ganz echt, wenn irgendetwas in jeder Beziehung schiefgeht. Ich habe eine ziemlich harte Zeit hinter mir, und das wird angesichts meines dummen Temperaments wohl noch öfters der Fall sein. Es tut nicht gut, in Afrika als Missionarin zu temperamentvoll zu sein. Man rennt immerzu gegen herausfordernd harte Mauern an.«

Florence gab zu, dass das letzte Jahr schwer auf ihr gelegen hatte. Aber sie hielt stand. »Ich tauche immer wieder aus den Wogen auf«, schrieb sie gegen Ende ihres Aufenthalts, und: »Echte geistliche Erfahrungen sind diesbezüglich sehr wertvoll.«

Der Gedanke, dass die Heimat in Sicht war, verlieh ihr Kräfte: »So schön und gewaltig das afrikanische Land ist, es ist eben nicht die Heimat. Manchmal, wenn es ganz still ist, zwitschert ein Vöglein im Dickicht eine kleine englische Weise. Dann schlägt mein Herz höher. Ach, mich verlangt nach einem langen Tag der Erholung draußen in Moor und Heide. … Vier Jahre der Sehnsucht danach lassen meine Augen brennen, wenn ich daran denke.« – »Ich bin froh, nun wegzukommen, ich bin am Ende.«

Zwei weitere Briefe aus Uganda zeigen, wie Florence war und immer mehr werden sollte:

»Du scheinst solche netten Leute, und dazu in großer Zahl, um dich zu haben, während ich mich hier mühe, meinen Mitmenschen gegenüber nicht außer Fassung zu geraten. Ich müsste ja eigentlich ein wunderbares Wesen sein, aber ich bin unausstehlich. Ich erwarte ganz, dass ich – daheim angekommen – gar nicht mehr weiß, wie man Freundschaften pflegt. Aber es macht nichts. Ich durfte viel aufbauende Arbeit hier draußen tun. Dabei lernte ich viel und musste, wenn nötig, unter anderem die Mädchen ›zurechtrütteln‹, eine unvorbereitete Andacht halten, wunderbar kochen, Gäste bewirten, bei Entbindungen helfen und den Kopf oben behalten, wenn ich ihn verlieren wollte. Außerdem musste ich Ruhe bewahren, wenn ein widerliches Insekt von der Größe einer Hand meinen Rücken hinunterschlüpfte, und ein Spiel für den höchsten irdischen Genuss halten sowie törichte Menschen geduldig ertragen (vielleicht gelang mir dies), und eine ganze Menge mehr. Die Umstellung in der Lebensweise hier hat mir nie Not gemacht; ich habe nur manchmal ein großes Verlangen, mit dem *Tun* für andere aufzuhören und einfach diejenige zu *sein*, die ich bin. Ich bin sicher, ich persönlich hätte auf diesem Weg einen stärkeren Einfluss. Gerne möchte ich einmal in einer Ausbildungsstätte in England mitarbeiten; es ist mir aber noch nicht gelungen, herauszufinden, was in mir brauchbar ist, um dies dann fürs Leben nutzbar zu machen.«

Den zweiten Brief schrieb sie am Abend vor ihrer Heimreise:

»Heute Nachmittag lag ich auf meinem heißen Bett und war wieder dabei, alles Kleine in mir zu verurteilen. Wieder hierher zurückzukommen und hierzubleiben – ja, das könnte schon groß sein. Es ist nämlich ein verheerender Ort – durchaus, und ich könnte genauso etwas schrecklich Kleines daraus machen. Das Ausstrecken nach dem Großen (auch in den kleinen Dingen) muss doch auch zu etwas führen. Ich kann den Gedanken nicht ertragen, dass ich ein Leben in geistiger Enge führe. So vielen genügt das. Ich möchte etwas Wesentliches, Echtes vollbringen. Das Einzige, was ich mir denken kann, wäre ein starkes, auch Schmerzen standhaltendes Ausharren, wie es hier erforderlich ist. Nur habe ich mich diesbezüglich nicht besonders bewährt.

Der Heimreise sehe ich so hoffnungsfroh entgegen. Ich spüre, dass sich für mich daheim vieles klären wird. Dank sei Gott, ich bin um Jahre älter geworden! Ich liebe das Älterwerden. Die Jugend ist so überschwänglich in Dingen, die wirklich nicht viel bedeuten. Natürlich ist das einerseits prachtvoll, aber ich hatte von jeher den unstillbaren Drang, den Dingen auf den Grund zu gehen. Das kann man nur durch Erfahrung. Erfahrung aber ist unmöglich, wenn man nicht älter wird. Deshalb meine ich auch, wir könnten in Fragen der Ehe nicht wirklich mitreden, denn es fehlt uns ja die Erfahrung ehelicher Liebe. Aber es ist offensichtlich nicht *das* Notwendige, und es gibt andere Erfahrungen, die genauso wertvoll sind. Liebe in ihrer wahren Größe muss man auch anders erfahren können, wenn es nur echte Liebe ist. Was so schmerzt, ist das Dahinkriechen auf eingefahrenen Bahnen. … Ich muss die Freiheit haben, ich selbst zu sein – du verstehst doch, wie ich das meine?

Nicht wahr, ich rede eine Menge Unsinn; aber ich bin sehr viel sorgfältiger, wenn ich über Glaubensfragen rede, denn ich sehne mich nach einer tieferen Erkenntnis, und zwar möchte ich mich von allem nur Herkömmlichen lösen und so klar und offen werden, dass ich die Wahrheit sehe und in ihr Christus neu begegne. Er geht uns nach, und wir brauchen stets eine neue, vertiefte Begegnung mit ihm. Eines Tages wird er vor uns stehen – so wirklich, dass unser Herz wild schlägt vor Freude. Ich glaube, ehe ich zu dieser Freude komme, kenne ich ihn noch nicht wirklich.«

Von Krankheit und Heilung

Florence verließ Uganda im November 1924. Während der Reise erzählte sie aus Florenz, dass sie die Uffizien besucht und ihre Zeit mit Botticelli verbracht hatte.

Kurz vor Weihnachten kam Florence nach England zurück. Sie war schmal geworden und sah verbraucht aus. Zu lange war sie in dem ungesunden Klima gewesen. Die Freunde, die sie während der ersten Monate besuchte, waren erschrocken. Die Heimgekehrte nahm zwar an Versammlungen und Konferenzen teil, doch sie fühlte sich krank.

Erste Eindrücke von England nach vierjähriger Abwesenheit gab Florence im Anschluss an einen Besuch in Sheffield wieder: »Es ist doch etwas Großes, dass die Leute durch das Berichten von draußen einmal über die Grenzen Sheffields mit seinen Gewohnheiten hinaussehen und dass sie den Blick auf etwas richten, was weiter und viel größer ist. Es liegt mir am Herzen, wieder hinauszukommen; aber ich kann mir noch nicht vorstellen, wie ich mich von den Menschen hier lösen soll. Mir wird ganz bang, wenn ich daran denke.

Die Heimat ist anders als vor vier Jahren. Manches scheint sich gelockert zu haben. Niemand scheint viel mehr zu tun, als unbedingt sein muss. Vielfach trifft man jenen eintönigen Zustand an, in dem die Betreffenden nicht wirklich glücklich sind. Die Menschen sind vielleicht nicht direkt unglücklich, aber freudlos. Was bedeutet wohl das Wort: ›Geht … hinaus und sondert euch ab‹? Gewiss nicht: ›Seid langweilig, frömmelnd und unliebenswert.‹ Absonderung muss es geben, und zwar klar und eindeutig, zugleich aber müssen wir auch Leidenschaft und Hingabe zeigen. Ob die Welt nicht darauf wartet? Sie ist müde geworden über all dem Warten; das schmerzt einen so sehr. Und das bisschen, was wir selbst geben können, ist so erschütternd wenig angesichts einer solch riesigen Not. Aber Schmerz und Schwierigkeiten sollen uns nicht umwerfen, lasst uns immer wieder zu der Aufforderung zurückkehren: ›Lasst ab und erkennt, dass ich Gott bin!‹, und dann seid guten Mutes. Darum geht es, nicht wahr?«

Oft wanderten die Gedanken nach Uganda. Sie hoffte, bald dorthin zurückzukehren. »Letzte Nacht saß ich lange auf meinem Bett und dachte über das nach, was ich dank deiner Hilfe eben erst langsam zu lernen beginne – nämlich, dass es jenes königliche innere Glück gibt, das inmitten von tausend Dingen, die uns unglücklich machen könnten, aufstrahlt. Es ist ein Glück – so stark, dass ein paar schwermütige Stimmungswellen es nicht zu zerstören vermögen und dass ich selbst Iganga nicht mehr fürchten muss. Als Zweites lerne ich, dass Barmherzigkeit alle Bitternis heilen kann und dass wir bitten dürfen und dieses göttliche Evangelium der Geduld im Umgang mit Menschen und Dingen reichlich empfangen werden. Dazu hast du mir geholfen, denn du hast mich dahin zurückgeführt, wo ich Christus neu begegne.«

Nachdem Florence sich beinahe ein Jahr in England aufgehalten hatte, wurde sie endlich dazu gebracht, einen Spezialisten aufzusuchen. Er fand heraus, dass sie eine Geschwulst in der Lunge hatte, und sagte ihr, sie habe voraussichtlich nur noch zwei Jahre zu leben. In jedem Fall aber müsse sie sich einer schweren Operation unterziehen. Diese Diagnose kam einem Todesurteil gleich, zumal eine Anfälligkeit für Tuberkulose in ihrer Familie latent vorhanden gewesen war. Als Florence aus dem Untersuchungsraum kam, überlegte sie, was nun als Erstes zu tun sei. Sie entschied sich für eine gute und kostspielige Mahlzeit.

»Der Spezialist war nicht gerade erfreulich«, schrieb sie einer Freundin. »Er meinte, die eine Lunge sei sehr stark angegriffen, und wollte operieren. Das würde bedeuten, dass ich mein Leben lang nur noch mit einer Lunge herumliefe. Diese Aussicht scheint wenig verlockend, besonders deshalb, weil das keine Heilung bedeutet und auch die Gefahr besteht, dass der andere Lungenflügel erkrankt. Und was dann? Es ist ein Dilemma, nicht wahr? Noch sehe ich keinen

Ausweg und muss bekennen, dass ich doch ein wenig erschrocken bin. Aber ich versuche, den Kopf oben zu behalten.«

In dieser schweren Situation entschloss sich Florence, auf ihren Gott zu vertrauen. Jahre später sagte sie in einer Ansprache: »Der Glaube fliegt uns nicht einfach zu. Wohl dem, der einmal elend genug war, um zu wissen: Hier rettet mich *nur* der Glaube. In einer solchen Lage ist man nämlich ganz darauf angewiesen. … Angesichts einer ganz anderen Wirklichkeit gilt es den Glauben festzuhalten.«

Alles sprach für einen Aufenthalt in der Schweiz, und ihre Freunde ermöglichten ihr mit großer Liebe einen Winter dort. Ein Brief, kurz vor der Reise geschrieben, schloss: »Ich bin glücklich, ich möchte mich wie die Lerchen emporschwingen und lobsingen. Ist nicht alles so schön?«

Florence ging in ein Sanatorium in Montana (Kanton Wallis). Einige Briefe von dort zeigen, wie diese neue Erfahrung ausgewertet wurde:

»Tatsächlich, anfangs war es ziemlich schlimm oder noch schlimmer, als ich mir ein Sanatorium vorgestellt hatte. Es roch nach Krankenhaus und sah auch so aus! Zudem lag im Zimmer neben mir ein Mädchen, das die ganze Nacht hustete, und die Atmosphäre zu Weihnachten hätte einen zur Verzweiflung bringen können. Man spürte die große Traurigkeit, die alle gefangen nahm; lauter Menschen, die sich so sorgten um Tochter, Sohn, Gattin oder sonst einen, den sie lieb hatten. Es war wie ein verborgenes Weinen überall.

Nun ging ich heute zum Verwalter und fragte, ob ich nicht eine Etage höher wohnen könnte, da ich ja nicht bettlägerig bin. Ich bekam ein schönes Doppelzimmer mit einer bezaubernden Aussicht. Es ist sehr groß, und ich bin glücklich darüber, hier oben zu sein – ohne Gerüche und Husten. Da kann ich nun am Fenster sitzen oder liegen und innerlich wieder zur Ruhe kommen. Ich wünschte, Herz und Gemüt gerieten nicht so schnell in Unruhe, wenn die Verhältnisse sich ändern.

Die Berge sah ich noch nicht im Sonnenlicht, wohl aber im Mondschein. Und wenn man sie emporragen sieht, so spürt man, dass auch die Berge in all ihrer Schönheit gleichsam Türen zu Gottes Herrlichkeit öffnen. So kann es wohl geschehen, dass Gott in seiner Barmherzigkeit sich herabneigt und auch Krankheit dazu gebraucht, dass sie Türen öffnet, durch die seine Herrlichkeit strahlend hereinbricht.«

»Diesen Morgen spürte ich irgendwie, dass es recht mit ihnen wird (sie meint Einzelne unter den Patienten). Liebe war greifbar nahe, es geht ja nur um dies eine: Erweise ein wenig Liebe, und dann geh weiter. Was man tun kann, ist ja so wenig. Gott aber, Christus und echte Liebe sind da, wo man selbst versagt. Geradeso empfand ich es in Iganga. Nur ist es hier noch intensiver. Es ist so schwer, Menschen zurückzulassen, die ein ganzes Jahr im Bett zubringen müssen und niemanden um sich haben als geschäftige Schwestern, die hin und her eilen, um so rasch wie möglich fertig zu werden.«

Was Florence selbst betraf, so griff Gott ein: Als sie nach England zurückkehrte, war sie weitgehend geheilt; man riet ihr jedoch zu einem weiteren Jahr der Ruhe und erlaubte ihr, es nach eigenen Wünschen zu gestalten. Es wurde eines der faszinierendsten Jahre ihres Lebens.

Eine vielseitig aktive, warmherzige Frau tat nicht weit von dem Ort Storrington Pionierdienst – ein wenig anders, als man sonst zu tun pflegte, aber es war Liebe, die sie einen neuen Weg beschreiten ließ. Es gab ja so viele Menschen, die nicht mehr mit dem Leben zurechtkamen. Jene Frau stellte ihnen großherzig ein Stück Land zur Verfügung, auf dem sie sich ein Heim schaffen konnten. Sie selbst wohnte mit ihrem Mann inmitten dieser bunt zusammengewürfelten Schar und versuchte, sie zu einer stärkenden, freien Lebensgemeinschaft zusammenzuschließen. Das war etwas nach Florence' Herzen! Sie zog für das ganze Jahr, das ihr zur Verfügung stand, in eines der kleinen Häuschen. Sie liebte dieses Domizil mit einem Raum. *Storrington Sanctuary*, wo jeder willkommen war und Heimat fand, war ein Zufluchtsort.

Florence gab ihre Erlebnisse in folgenden Briefauszügen wieder: »Könnte ich dir doch diesen Ort recht schildern, sodass du alles vor dir siehst! Etwa 30 Menschen leben hier miteinander. Die meisten sind vom Leben hart mitgenommen; wir versuchen hier, mit Freundlichkeit und Demut eine warme und glückliche Atmosphäre zu schaffen. Unser Heim steht ihnen immer offen; sie sind jederzeit willkommen und dürfen alles bereden oder auch nur ganz still da sein und zur Ruhe kommen. Das ist es ja, was müde, gestrandete oder verirrte Leute mehr als andere brauchen – Zeit, treue Freunde und dieses so schöne Stück Erde können viel heilen, wobei über allem Heilwerden unser Herr steht.

Was ich jedoch durchaus nicht verstehe, ist das Geschwätz, das über unser *Sanctuary* im Umlauf ist. Und warum beteiligen sich gerade die kirchlichen Leute daran? Ja, wenn wir ein Asyl oder eine Besserungsanstalt wären! Dafür wäre jeder zu haben. Aber weil wir unseren Dienst so tun möchten, wie wir glauben, dass Jesus gehandelt hätte (nämlich in der Gesinnung der göttlichen Liebe), ist fast jeder gegen uns.«

»Hier bin ich, eingesponnen in meine Hütte. Es geht doch nichts über ein solch einfaches Dasein, und doch stehe ich meiner Situation fragend gegenüber. Wohl liebe ich die Menschen, aber meine Liebe ist etwas zu oberflächlich, wenn es darum geht, sie so anzunehmen, wie sie sind. Sie ist zu ›tolerant‹ und allgemein. Vielleicht ist das eine Reaktion auf alle frühere Intoleranz. Und doch empfinde ich stark, dass Menschen, die entsagten, sich verleugneten und jeden anderen Weg außer den für richtig erkannten ablehnten, selbst dort, wo er sehr schmal war, näher an das Rechte herankommen als ich.

Sobald der Winter vorüber ist, möchte ich mich an die Church Missionary Society wenden, um zu erfahren, was man dort mit mir vorhat. Obgleich ich mit meiner Einstellung leichter draußen tätig sein könnte als in einer Arbeit daheim, sehe ich noch keinen klaren Weg. Ich möchte so gerne frei sein, neue Wege zu erproben, statt auf Weisung von Komitees und Gesellschaften zu arbeiten.«

Auch der folgende Brief scheint aus dieser Urlaubszeit zu stammen. Da Florence die schlechte Gewohnheit hatte, ihre Post sehr ungenau zu datieren (außer den Briefen aus Uganda), ist man bei der zeitlichen Einordnung ihrer Briefe auf das Gedächtnis ihrer Freunde oder, soweit das ersichtlich ist, auf innere Zusammenhänge angewiesen, um festzustellen, auf welchen Lebensabschnitt sich der betreffende Brief bezieht.

»Du meinst, ich habe mich verändert. Das stimmt, denn ich habe zwar nicht studiert, aber ich strebe immer nach neuen Zielen. Und lass mich dir eines sagen: Wenn man sich nicht wandelt, gleitet man langsam zurück, unmerklich vielleicht. Sind dir nicht auch schon viele Frauen begegnet, die mit der Zeit ein ganz klein wenig verlieren und langweiliger, trübseliger werden – Frauen, deren geistliche Ausstrahlungskraft abnimmt? Und jetzt das Gegenmittel dazu: Man muss beweglich bleiben, vorwärtsstreben. Wie das im Gedränge der Menschen um uns her möglich ist, das ist allerdings schwer zu sagen. Aber das ist sicher: Die in uns hineingelegte Fähigkeit zum Gestalten schläft langsam ein, wenn man immer nur das tut, was alle anderen auch tun. Diese schöpferischen Kräfte sind eben das, was zum Wachstum drängt. Man braucht nicht etwa intelligent zu sein oder gesellschaftlich im Vordergrund zu stehen – nein, wir müssen einfach werden und aus dem tiefen Wissen heraus handeln, dass unser Leben und Sein auf echten Dingen gründet. Es ist so betrübend, dass man nirgends wahre Größe sieht, an der man wachsen könnte. … Eine Haltung, die groß von Gott denkt, ist es, was ich so gerne im Menschen sehen möchte. Ich will mich aus aller falschen Enge herausholen lassen in die Weite starken Erlebens.«

Zur vollen Reife

1928 trat die Church Missionary Society (CMS) mit der Bitte an Florence heran, eine Lücke zu füllen und vorübergehend Rektorin in St. Andrew's zu werden. Das war eines der beiden CMS-Seminare für Missions-Anwärterinnen. Florence hatte keine Ahnung, wie ein Missions-Seminar zu leiten sei. Sie selbst hatte keines absolviert. Auch fehlten ihr für diesen Posten die üblichen akademischen Grade. Doch sie war für das Entgegenkommen ihrer Missionsgesellschaft während ihrer Krankheitszeit sehr dankbar, deshalb war es für sie selbstverständlich, jetzt einzuspringen, da es hier an geeigneten Mitarbeitern fehlte. Gleichzeitig war sich Florence bewusst, dass Uganda sie Dinge gelehrt hatte, die Missionarinnen unbedingt lernen sollten, ehe sie ausreisten. Sie erkannte klar, dass ihre Erfahrung nichts Außergewöhnliches war: Nur zu gut wusste sie, dass viele mit hohen Idealen hinausgingen, aber im harten Alltag nicht fähig waren, sie zu verwirklichen. Sie hatte es erlebt, dass Frauen an der herben Forderung der Einsamkeit zerbrachen oder – und das hielt sie für noch schlimmer – dass sie hart und bitter wurden und sich mit Zuständen zufriedengaben, in denen Feindseligkeiten unter Mitarbeitern allem, was sie vom Evangelium weitergaben, ins Gesicht schlugen.

Wenn Gott sie nun rief, um das, was sie in der Schule schwerer Erfahrung gelernt hatte, anderen weiterzugeben, dann wollte sie gehorchen. Sie pflegte oft lachend zu sagen, dass sie keinerlei Qualifikation für ihren Posten habe, da die einzigen »Fächer«, von denen sie etwas verstehe, Hauswirtschaft und persönliche Beziehungen seien! Davon wusste sie allerdings viel. Zu welchem Reichtum des Verstehens und echter Weisheit sie führen sollten, wird in diesem und im folgenden Kapitel gezeigt.

Der Übergang vom geliebten *Sanctuary* nach St. Andrew's ließ zunächst weder Größe noch Weite erkennen. Es war der Schritt aus einer Welt des freien, ungehinderten Daseins in die Welt strikter

Wohlerzogenheit und einer etwas einseitig verstandenen Rechtgläubigkeit. Erstaunlich war, dass Florence in beiden Welten daheim und glücklich sein konnte und immer sie selbst war.

Allerdings blieben in den ersten Jahren Schwierigkeiten mit der Leitung der CMS nicht aus. Florence mit ihrer übersprudelnden Lebendigkeit passte in keine der Formen, in die Menschen mit einer verengten Perspektive das Leben pressen.

»Miss Allshorn hatte einigem Widerstand zu begegnen«, schrieb ein Mitarbeiter der CMS. »Manche waren doch erstaunt und beunruhigt, denn sie passte so gar nicht in die herkömmlichen Formen christlicher Praxis. Aber gerade das, was ihre Umgebung im ersten Augenblick beunruhigte, trug im nächsten Augenblick dazu bei, sie zu beruhigen. Es war ungeheuer erheiternd zu beobachten, wie verblüfft diejenigen waren, die ihr eben irgendeine ›Ketzerei‹ im Unterricht vorwerfen wollten, wenn sie gleich darauf entdeckten, dass Florence eine ihrer Lieblingsparolen mit flammendem Ernst und tiefer Aufrichtigkeit verkündete, welche die Hingabe der Betreffenden weit in den Schatten stellte.«

Dennoch dauerte es eine Reihe von Jahren, bis der ganze diesbezügliche Argwohn besiegt war. Vielleicht geschah dies nie restlos. Aber zuletzt hatte Florence doch das Vertrauen selbst der konservativsten Mitglieder ihrer Missionsgesellschaft gewonnen. Man spürte bei ihr zu klar, dass sie sich keiner »Partei« und keiner Parole verschrieben hatte, sondern einfach gehorsam sein wollte. Diese Bereitschaft, die göttliche Wahrheit anzunehmen, und ihr furchtloser Gehorsam wurden zum Aufruf für alle, die ihr begegneten.

Wieder einmal befand sich Florence vor einem »Unmöglich«. Wohl standen ihr die Hausmutter und einige Fachlehrer zur Seite, aber die Verantwortung für die Ausbildung und charakterliche Zurüstung der Missions-Anwärterinnen lag allein auf ihr. Was sie empfand, geht aus folgenden Zeilen hervor:

»Es ist eine wunderbare Aufgabe; wie gewöhnlich halte ich mich für eines der glücklichsten Wesen auf der Welt, denn es ist eine herrliche Gelegenheit, etwas zu leisten. Ich habe eine wahre Leidenschaft, die in Menschenseelen schlummernden Fähigkeiten zu wecken. Irgendwie komme ich mir wie ein ›Doppelwesen‹ vor. Einerseits gebraucht mich Gott in einer Weise, die schöpferisch ist. Diese von Gott gewirkte Art kann auch in anderen einen Wandel schaffen und sie anregen, alle positiven Fähigkeiten, die in sie hineingelegt sind, zur Entfaltung zu bringen, jede in der ihr gemäßen Art. Und der andere Teil? Es ist das unbrauchbarste Wesen, das je existierte, und ich kenne niemanden, der mir nicht überlegen wäre.

Wie lange mag es wohl dauern, bis ich dieser Arbeit gewachsen bin? Ich muss ja lernen, all die unguten Dinge zu entwirren, damit das Gute Raum bekommt, sich zu entfalten. Und weiter gilt es, Fesseln zu zerbrechen, ohne die Hände zu verwunden, die sie tragen (wobei Seelen jedoch so viel zarter sind als Hände), und Füße auf den rechten Pfad zu leiten. Wir scheinen hier mit dem Wort ›Schönheit‹ nicht viel anfangen zu können. Aber ich sehe bei vielen der Schülerinnen so manches Schöne dahinwelken, meistens nicht einmal durch wirkliche Sünde, sondern durch ein Christsein ohne Bezug zur Wirklichkeit und eine billige Selbstzufriedenheit. Zum Glück ist ganz verborgen in jeder Schülerin doch ein Fünklein gottgewirkter Unzufriedenheit, und ich will gerne der Blasebalg sein, der es zu einem solchen Brand entfacht, dass alle Selbstgenügsamkeit für immer verbrennt. Oh, dass ich es könnte!«

Unmerklich wuchs Florence in ihre Aufgabe hinein. In ihr lebten Geist und Mut der alten Pioniere, sie schlug Breschen und bahnte neue Wege, auf denen andere folgen sollten. Die durch sie eingeführten neuen Maßnahmen erfreuten sich immer größerer Wertschätzung. Von außen gesehen waren es kleine Dinge. Aber Florence wusste, dass Sieg oder Niederlage daheim und draußen oft von sehr kleinen Dingen abhängt. Darum führte sie beispielsweise einen veränderten Speiseplan ein. Richtige Ernährung sollte ihre Schülerinnen für Jahre anstrengenden Dienstes in Übersee stählen.

Florence kannte auch das Geheimnis wirklicher Entspannung. Sie konnte die geringfügigsten Dinge mit Entzücken genießen und auch einmal die Arbeit völlig beiseitelegen. Eine warmherzige Fröhlichkeit lag hell über allen Festen und so manchem geselligen Zusammensein. Beim gemütlichen Sonntagnachmittagstee in Florence' Zimmer wurde aus den Briefen der Ehemaligen vorgelesen, die nun irgendwo in der Welt Missionarinnen waren. Und der Fürbitte-Gottesdienst, in dem man sonntags an sie dachte, war einer der Brennpunkte der ganzen Arbeit.

Ein unüberwindlicher Sinn für Humor half Florence, rasch Kontakt zu gewinnen, und überbrückte manchen Gegensatz. Nicht, dass ihr der Umgang mit Menschen immer leichtgefallen wäre. Sie war von Natur aus schüchtern, aber sie lernte, ihre Schüchternheit zu überwinden, um anderen zu helfen. Und nie durfte diese Veranlagung sie von etwas abhalten, was sie als Aufgabe erkannt hatte. Mit den Jahren schien die Schüchternheit von ihr abzufallen, und eine gelöste Sicherheit trat immer mehr hervor. Es schien oft ein Wunder, dass Florence trotz ihres früheren schlechten Gesundheitszustandes das volle Amt einer Vorsteherin mit all den Anforderungen, die dadurch an sie gestellt wurden, wahrnehmen konnte. Es war nur möglich, weil sie im Kampf mit ihrer anfälligen Gesundheit im festen Vertrauen auf ihren Herrn lebte. Wenn sie erschöpft war und die Nerven den Dienst zu versagen drohten, ging sie in ihr Zimmer und blieb für ein oder zwei Tage ruhig im Bett, bis sie als allseits Gestärkte wieder ihre Arbeit aufnehmen konnte. Manchmal kehrte ihre Vitalität ganz rasch wieder, zuweilen dauerte es länger; aber immer wieder, wenn ein Zusammenbruch unabwendbar schien, kam sie erfrischt und voll neuer Ideen zu ihren Schülerinnen zurück.

Florence glaubte, dass in jeder der ihr anvertrauten Schülerinnen Fähigkeiten lagen. Diese Anlagen in ihnen zu entdecken, war die Aufgabe, der sie ihre ganze Energie zuwandte. Die Frage, warum sich so viele Enttäuschte unter den älter werdenden berufstätigen Frauen befanden, ließ ihr keine Ruhe.

»Ich frage mich immer wieder, warum von den etwa 40-jährigen Frauen so viele unterlegen sind. Es ist ein Geheimnis, dem ich weiter nachgehen muss. Diese Frauen müssen alle einmal voller Möglichkeiten gewesen sein, genau so, wie meine Schülerinnen es heute sind. Was geschieht, wenn sich das Blatt wendet? Wenn wir es herausfänden, könnten wir unsere Jugend davor bewahren, denselben Weg zu gehen.

Ich kann den Gedanken nicht ertragen, dass diese jungen Mädchen voller Möglichkeiten einmal so mittelmäßig und bieder werden könnten, wie eben viele Menschen dahinleben. Ich denke, da liegen im Grunde der Seele nicht überwundene Wurzelschäden. Sie sind unbesiegt geblieben und rauben nun sowohl den Gläubigen als auch den Menschen ohne Gott jeden Glanz und alle Freude. Sie bringen jegliches Wachstum zum Stillstand und machen schließlich den Menschen blind für alles, was ihn zu Gott hinführen möchte. Wir können es uns nicht leisten, auch nur im verborgensten Winkel unseres Seins in der Niederlage stecken zu bleiben. Ich muss diese Geheimnisse entdecken – um meiner Schülerinnen willen.«

In Florence' Umgang mit den ihr Anvertrauten zeigte sich mehr die Künstlerin als die Lehrerin. Sie hielt sich nie für den gereiften Menschen, der nun Wissen oder Einsicht an einen weniger Geförderten weitergibt. Sie sah vielmehr das vor sich, was aus dem Betreffenden werden könnte, und mit dieser Schau vor Augen arbeitete sie. Florence rechnete damit, dass der andere sich ebenfalls nach einer solchen Entfaltung ausstreckte. Es war ein gemeinsames Streben, ein Ziel zu erreichen, das noch fern lag.

»Sobald man sich klarmacht, dass alles – der Mensch eingeschlossen – die Bestimmung zur Vollkommenheit in sich trägt, sollte man sich bei jeder der uns Anvertrauten danach ausstrecken. Man darf dabei keine eigenen Interessen verfolgen und sollte einen solchen Dienst mit der gleichen schöpferischen Freude tun, mit der ein Dichter seine Werke schreibt.«

Auf den Vorschlag, dass sie ein Buch über ihre Gedanken und Ziele der Erziehung schreiben sollte, antwortete Florence: »Ich fürchte, meine Ideen haben nicht viel Wert, wenn man nicht anfängt, sich um die Vollkommenheit zu mühen und die von Gott bestimmte Schönheit einer Seele zu schauen. Scheint das Stolz zu sein? Ich möchte nur Folgendes damit sagen: Wenn andere ohne diese Schau in meinen Linien arbeiten wollten, so käme nur Unheil dabei heraus. Nicht, dass ich es besser machte als andere, aber vielleicht kommt mir mein künstlerisches Empfinden zustatten, zumal es sich nach verschiedenen Seiten hin auswirkt und nicht bei der Kunst stehen bleibt. Es ist mir unmöglich, mich meinen Mitmenschen gegenüber auf den Standpunkt zu stellen: ›Der oder die Betreffende ist ein solch nettes Wesen, aber …‹ Ich möchte, dass jeder nach dem Besten strebt.

Sehen – es ist so selten, und doch so wesentlich! Die Menschen gehen meist blind dahin, denn sie wollen der Forderung des nächsten Schrittes nicht gehorsam sein. Sie bleiben bei dem ›Aber‹ stehen und spielen damit herum. Dann entschlüpfen sie und sagen: ›Schließlich ist keiner vollkommen‹, oder: ›Wir sind auch nur Menschen.‹ Es geht darum, dass wir einen Weg finden, der aus dem unbestimmten Dahinleben heraus- und in ein Leben konzentrierten Handelns hineinführt. Das bedeutet keinesfalls, den Dingen freien Lauf zu lassen; es heißt vielmehr, aus der tödlichen Zone oberflächlicher Betrachtung oder dumpfen Beharrens zum Wesen der Dinge hindurchzudringen.

Meine Erziehungsmethoden sind zum Teil gewiss anfechtbar, doch eines, das sie von der üblichen Anschauung der Leiter bestimmter Ausbildungsstätten unterscheidet, möchte ich festhalten. Ich gab den Schülerinnen keine hervorragenden Kenntnisse mit, denn diese besitze ich selbst nicht, aber ich lehrte sie, zu denken und zu sehen. Das war durchaus nicht einfach, denn ich hatte niemanden zur Hilfe, doch wir sind ein Stück weitergekommen. Beinahe meine ich, unsere größte Not bestehe darin, dass wir keinen Mut aufbringen, unserem Versagen offen ins Auge zu sehen.«

Florence machte das große Gebot der Liebe zur Grundlage all ihres Mühens. Es lag ihr stets am Herzen, dass die beiden darin enthaltenen Forderungen, Liebe zu Gott und Liebe zum Nächsten, nicht auseinandergerissen wurden:

»Es besteht ein himmelhoher Unterschied zwischen religiösen Menschen und lebendigen Christusjüngern. Man kann christlich leben und doch seinem Ich als der ersten Größe verhaftet bleiben. Denn bewusst nicht selbstsüchtig zu handeln, braucht noch lange nicht zu bedeuten, selbstlos zu sein. Erst da, wo wir im freudigen Dienst für Gott und den Nächsten stehen, verliert jenes ›ich wünsche‹ ganz sein Recht. Solche Freude ist das Herz aller Liebe.

Ich habe diese drei Jahre in großem Ernst am zweiten Teil des großen Gebotes, der Liebe zum Nächsten, gearbeitet. Es war wohl auch eine Reaktion gegenüber der von Lieblosigkeit geprägten Welt, die ich damals in Afrika vorfand. Und ich sorgte dafür, dass die mir Anvertrauten in dieser Frage klar sehen lernten. Aber ich vernachlässigte dabei den ersten Teil; im letzten Trimester kam ich darauf zurück, ohne jedoch den zweiten Teil aufzugeben. Ich bin nun glücklicher denn je. Es braucht Zeit, zur Klarheit zu kommen, bei mir vielleicht noch länger als bei anderen.«

Florence konnte ihren Schülerinnen gegenüber sehr drastische »Diagnosen« stellen. Doch die meisten nahmen die Wahrheit lieber von ihr als von irgendjemand anderem an. Sie spürten nämlich, dass diese Erzieherin nie aus den Augen ließ, was Gott aus jedem machen wollte. Die Lauterkeit ihrer Motive stand außer Frage. Je größere Möglichkeiten sie in einem Menschen erkannte, desto schärfer nahm sie alle Schwächen aufs Korn, vorausgesetzt – das erkannte sie rasch –, dass der oder die Betreffende es verkraften konnte. Sie besaß das nötige Fingerspitzengefühl, sodass sie davor bewahrt blieb, Menschen zu überfordern.

»Es gibt so viel unechte, unwirkliche Freundlichkeit«, schreibt sie einmal, »manchmal begegnen wir uns monatelang auf dieser Ebene. Und dann passiert irgendetwas. Die betreffende Schülerin ist erschüttert, und weil der Zustand oberflächlicher Ruhe gewichen ist, wird sie auf einmal so viel liebenswerter. O ja, es ist gut, wenn irgendetwas geschieht und uns vorwärtsdrängt. Mögen wir nur nicht an den armseligen kleinen Nöten der eigenen Kümmerlichkeit und des Zusammenlebens hängen bleiben!«

Florence war sich bewusst, dass die Erziehung immer da ansetzen muss, wo ein Mensch wirklich steht. Sie schärfte das auch ihren

Mitarbeiterinnen ständig ein. Einmal sagte sie zu einer von ihnen: »Es wird für das Mädchen schwierig sein, dich zu verstehen, und umgekehrt ist es ebenso. Du musst dich dahin begeben, wo sie ist, und sie von dort mitnehmen. Das aber braucht Zeit. Bringe sie nicht dazu, sich auf die Zehenspitzen zu stellen, nur damit sie sieht, was du siehst. Sie vermag es noch nicht und verliert die Zusammenhänge, weil du nicht dort anfängst, wo sie in Wahrheit verstehen kann. So versuchst du gewaltsam, sie zu deiner Schau zu bringen. Das ist die Gefahr von uns ›einseitigen Fanatikern‹. Dazu werden wir nämlich, wenn wir nicht fähig sind, den Standpunkt des anderen zu erfassen und ihm dort zu begegnen.«

Erziehung war für Florence immer ein wechselseitiges Geschehen. Sie hatte eine bemerkenswerte Fähigkeit, von anderen zu lernen, auch von solchen, die nicht ihre Reife besaßen. Sie sagte, keine Schülerin sei durch ihre Hände gegangen, von der sie nicht irgendetwas gelernt habe.

»Eines, was mir in der Rückschau besonders klar wurde«, schrieb eine Kollegin, die vier Jahre mit ihr arbeitete, »war dieses, dass es sich trotz oder vielleicht gerade wegen ihres Vorangehens und ihres immer beweglichen Geistes so gut mit ihr leben und arbeiten ließ. Das lag wohl an ihrer unermüdlichen Geduld. Ich bin sonst keinem begegnet, in dem sich ein solch leidenschaftliches Verlangen nach Vollkommenheit mit einer solch liebenden Geduld gegenüber all unseren Unvollkommenheiten verband. Gewiss hatte Florence Allshorn ihre Fehler, und sie wäre die Erste, die uns auslachen würde, wenn wir ihr Bild in zu lichten Farben malten. Manchmal erwartete sie von den Schülerinnen zu viel oder ließ sich gelegentlich von ihrem Äußeren einnehmen, ohne die verborgenen Schwächen zu sehen. Sie konnte auch einmal der Gefahr erliegen, die Jüngeren stärker vorwärtszutreiben, als ihr zu folgen möglich war.«

Das Erleben in St. Andrew's und in Kennaway Hall wäre unvollständig, würden wir nicht auch die langen Ferien erwähnen, die jede Erziehungsarbeit bietet. Florence genoss sie restlos. Eine ihr später sehr nahestehende Freundin lässt hineinsehen in die Erfahrung gemeinsam verlebter Ferien: »Florence lud mich ein, über die Weihnachtsferien mit ihr in ein kleines Ferienhäuschen zu gehen, das sie gemietet hatte. Frost, Vollmond, schimmernder Schnee – alles war neu und reizvoll. Wir wanderten miteinander, nähten, kochten – das war alles. Aber mit ihr zusammen zu sein, war besser als das anregendste Stärkungsmittel – eine unvergessliche Zeit.«

Später bekam Florence ein Sommerhäuschen geschenkt, hoch oben am Rand der Felsen in der Nähe von Mundesley in Norfolk. Dort verbrachte sie manche sorglose, glückliche Ferienzeit. Wenn irgend möglich, wurde im Freien gefrühstückt, am Berghang, in lachender Sonne. Man konnte auch, wenn man Lust hatte, geradewegs zum Meer hinunterlaufen und baden. Sehr gern reiste Florence auch ins Ausland.

Unstillbar lebte in ihr der mächtige Drang, neue Wege zu beschreiten. Sie kannte keine festgefahrenen Gleise. Das Leben ging weiter, und sie hielt Schritt. So erschien ihr Kennaway Hall nie als geeignetes Zentrum ihrer Arbeit, und sie veranlasste 1938 einen Umzug nach Foxbury in Chislehurst, den sie auch erfolgreich durchführte.[3] Ein einladendes Haus in grünem Gartenland, das Raum für 40 Missions-Anwärterinnen hatte, wurde zum neuen Domizil. Endlich hatte Florence auch einen Mitarbeiterstab nach ihrem Herzen zusammengerufen.

Nur drei Trimester waren ihr dort vergönnt. Dann kam der Krieg, das Seminar schloss seine Pforten, und Foxbury wurde vorübergehend Zentrale der Missionsgesellschaft. Zehn Jahre heißen, zielbewussten Mühens um Mitarbeiter, die sich in ihrem Sinn einsetzten, lagen hinter Florence. Nun waren sie gefunden; auch ein idealer Ort war da, an dem ihre Pläne verwirklicht werden konnten. Endlich schien das Ziel erreicht, und dann – wurde alles über Nacht

3 Anmerkung des Herausgebers: Aufgrund seiner Lage mitten in London konnte Kennaway Hall nicht jene Vorzüge bieten, die Foxbury aufwies: viel Grün ringsum und ruhige Umgebung.

hinweggefegt. Aber Florence blieb nicht dabei stehen, sie liebte das Aufbauen. Es war das Blut der Pioniere, das in ihren Adern floss.

Einen Monat später bat die CMS Florence, mit einer verringerten Anzahl von Schülerinnen in Selly Oak neu zu beginnen. Ein Jahr lang waren sie dort, als Florence' Gedanken eine neue Richtung nahmen. Sie spürte ihre nachlassenden Kräfte, und in ihr wuchs die Überzeugung, dass es Zeit sei, die Leitung der Schule abzugeben. Am Ende desselben Jahres entschied sie sich dafür, aus dem Amt zu scheiden, und stellte sich noch für ein Trimester zur Verfügung. Keiner der verheerenden Luftangriffe hatte Foxbury betroffen, daher sollte das Seminar wieder dorthin verlegt werden. Kaum aber waren Lehrende und Lernende zurückgekehrt, als die Schlacht um England begann. Foxbury war heftigen Angriffen ausgesetzt, und das Seminar wurde nach Ridley Hall (Cambridge) evakuiert. Als dort zur Weihnachtszeit das ereignisreiche Trimester endete, wurde Florence frei für neue Erlebnisse.

Das königliche Gebot

Wenn in den Jahren nach der Weltmissionskonferenz 1910 von der Ausbildung junger Missions-Kandidaten die Rede war, pflegte man mit einem gewissen trockenen Humor zu sagen, dass offensichtlich zehn oder sogar zwölf Jahre weiterer Ausbildung nach der Abschlussprüfung einer höheren Schule erforderlich seien, wolle man den Betreffenden das ganze, als unerlässlich betrachtete Rüstzeug in Theologie, praktischer und theoretischer Pädagogik, Anthropologie, Soziologie und Geschichte, in den Kursen »Methoden und Probleme der Mission«, in den Grundlagen der Medizin sowie Hygiene usw. mitgeben. Florence hatte aber auch Schülerinnen ohne Abschlussprüfung einer höheren Schule, und die Zeit, die zur Verfügung stand, waren vier Trimester, d. h. nicht ganz anderthalb Jahre. Die Ausbildung umfasste unter diesen Umständen ähnlich wie in der Politik »die Kunst des Möglichen«.

Mit leichten Schwankungen in den einzelnen Kursen war die Zusammensetzung etwa folgendermaßen: Ein Drittel der Schülerinnen besaß eine Vorbildung als Lehrerin, einige hatten einen akademischen Grad, ungefähr ein Drittel kam aus der Krankenpflege, und zwei oder drei Ärztinnen rundeten meist noch die Zahl ab.

Zielsicher drang Florence bei allen Problemen rasch zum Wesentlichen vor. Daran hielt sie dann unbeirrbar fest. Ihre Vorstellung vom Notwendigen für die Ausbildung von Missions-Anwärterinnen war ausgesprochen originell und umfassend. Die Tiefe ihres Denkens und ihr gedanklicher Reichtum sind es wert, über den begrenzten Kreis ihres Wirkens hinaus beachtet zu werden, denn ihre Ideen gehen bis zu den eigentlichen Problemen der Ausbildung für jede Art des diakonisch und christlich ausgerichteten Dienstes.

Will man Florence Allshorns Beitrag ganz würdigen, muss man natürlich unterscheiden zwischen ihren grundlegenden Erkenntnissen und dem praktischen Ausdruck, den sie in der ihr aufgetragenen

Arbeit fanden. Sie konzentrierte sich von jeher mit aller Energie auf das Problem, mit dem sie gerade zu tun hatte, und gab sich keinen allgemeinen Reflexionen hin. Dabei dürfen wir aber nicht die Tatsache übersehen, dass in der Art, wie sie die ihr zugefallene Aufgabe meisterte, Grundlinien zutage traten, die allgemein gelten und auf breitester Ebene anwendbar sind.

Ein Artikel über »Das gemeinsame Leben auf einer Missionsstation«, den Florence 1934 für die *International Review of Missions* schrieb, ist eine der besten Äußerungen dessen, was Florence für wesentlich und vordringlich in der Ausbildung werdender Missionarinnen hielt. Später berichtete sie, dass sie wohl von allen führenden Missionsgesellschaften Englands und auch aus etlichen anderen Ländern anerkennende Zuschriften bekommen habe. Soweit sie sehe, sei allerdings keinerlei Änderung der bestehenden Praktiken zu bemerken.

Eine fast wörtliche Wiedergabe dieses Artikels ist vielleicht die beste Einführung in die Hauptgedanken, die Florence bei der Erfüllung ihrer Aufgaben beschäftigten:

»Eine seltsam dunkle Regung der Scham windet sich unzweifelhaft am Grund unserer Seele, wenn wir als Missionare an unsere Beziehungen untereinander denken. Wir können es nicht verantworten, sie so zu lassen, wie sie sind. Und manchmal denke ich, wenn wir nicht tiefer in das große Gebot Jesu eindringen, so wird das geistliche Leben unter uns allmählich nahezu ganz verlöschen. Wenn der ganze Bereich menschlicher Beziehungen unter Reichsgottes-Arbeitern weiter in dem verschwommenen und unfruchtbaren Zustand bleibt, in dem er sich zurzeit befindet, so mögen wir von Errettung reden, so viel wir wollen; es wird beinahe vergeblich sein. Deshalb möchte ich einmal die Schwierigkeiten aufzeigen, die für junge Frauen unserer Zeit bestehen, wenn sie zum ersten Mal ausreisen. …

Wenn Christus mich nicht von den Dingen erlösen kann, die meiner Mitarbeiterin zur Anfechtung werden, habe ich nur eine magere Botschaft der Erlösung. Wenn ich meiner Schwester daheim nicht helfen kann, gewisse selbstsüchtige Gepflogenheiten zu überwinden, die mich oder irgendeinen anderen bedrücken, wie vermag ich dann meinen afrikanischen oder indischen Schwestern zu sagen, dass ich ihnen helfen möchte, durch ihre Nöte zu kommen?

Schöpferische und aufbauende Arbeit sollte immer nach einer harmonischen Ganzheit streben. Dazu brauchen wir eine Gesamtschau, die kein Einzelner vollständig haben kann. Es bedarf also der Zusammenarbeit verschiedener Begabungen. Etwas allgemein könnte man die verschiedenen Befähigungen in drei Typen einteilen.

Zunächst sind da jene seltenen Charaktere, die in einem meist nicht sehr kräftigen Körper die Gabe der Initiative und schöpferischen Schau besitzen. Man findet sie nicht gerade häufig in unserem technisierten … Zeitalter. Und doch sind Leute mit dieser Begabung in jeder Gruppe, die aufbauende Arbeit leisten möchte, von unschätzbarem Wert. Sie bewegen die Wasser unserer so leicht erstarrenden Gewohnheiten und zwingen uns, zu größeren Zielen vorzustoßen. Sie tun das dadurch, dass sie uns vor neue Forderungen stellen.

Außerdem sind unter uns die intellektuell Begabten. Sie besitzen mit dieser Befähigung das nötige Werkzeug, die Anregungen der ersten Gruppe für die Praxis auszuwerten.

Und schließlich haben wir die Menschen, die den vorbereiteten Plan genau ausführen, weil sie im Umsetzen der entsprechenden Ideen ihre größte Erfüllung finden.

Ich bin mir natürlich wohl bewusst, dass man Menschen nicht einfach künstlich in diese drei Kategorien einordnen kann. Ich will damit nur zeigen, dass alle drei Befähigungen notwendig sind. Das betone ich, weil ich für eine vernünftige Erkenntnis der persönlichen Begabung eine Lanze brechen möchte. Eine junge Missionarin muss die Möglichkeit bekommen, ihren Gaben gemäß zu arbeiten.

Die erstgenannte Veranlagung ist die schwierigste – sie ist eine Not für den, der sie besitzt, und für jeden anderen, namentlich in jungen Jahren. Menschen mit dieser Begabung haben unter dem Druck bestimmter Verhältnisse nur zwei Möglichkeiten:

Entweder sie entfalten die ihnen verliehenen Kräfte noch reicher, oder sie flüchten in die Neurose. Es gibt für sie keinen Mittelweg. Sie sind eifrig und empfindsam, während ihr ruheloser Geist gegen Gefängniswände rennt. Daher unterliegen sie leichter seelischen Spannungen als der gemäßigtere Typ. Sie brauchen mehr Zeit, sich dem Leben anzupassen. Um mit ihrer Erkenntnis Schritt halten zu können, müssen sie tief wurzeln. Sie werden deshalb eine Zeit lang aus zwingender Notwendigkeit heraus stark mit sich selbst beschäftigt sein. Solche Menschen leiden schnell an Minderwertigkeitskomplexen, und wenn sie sich mit ihrem idealistischen Kopf zu lange an eintöniger und für sie wertloser Routine stoßen, wandelt sich das Positive einer schöpferischen Initiative sehr rasch in eine negative, mehr oder weniger unterwürfige Resignation – sie brechen entweder zusammen oder passen sich an, und Letzteres ist die größere und häufigere Tragödie. Diese jungen Mitarbeiterinnen sind eine uneingeschränkte Plage für die älteren Missionarinnen, die nichts anderes als einen jüngeren Menschen für die Arbeit möchten. Für eine Frau aber, die genügend feinfühlige Klugheit besitzt, muss es eine wahre Wonne sein, Menschen mit diesen Eigenschaften zur Entfaltung zu verhelfen.

Wir alle stehen Verhältnissen gegenüber, in denen die Fülle der Arbeit, die in Schule und Krankenhaus getan werden muss, den Blick völlig gefangen zu nehmen droht. Menschen mit jener beschriebenen Schau aber könnten uns, gäben wir ihnen nur eine Chance, aus der Ausweglosigkeit herausführen. Sie werden keine Patentlösung für das Problem finden. Sie tun Besseres, als Lösungen zu finden, sie stellen uns vor neue Forderungen. Unsere Zeit hat schöpferische, geistlich gesinnte Denker bitter nötig. Aber sehr oft bringen wir sie um ihre Gelegenheit, machen Neurotiker aus ihnen und sagen dann, was für eine Last sie seien. Vor allen Dingen brauchen diese Menschen mit dem weiten Blick ein genügendes Maß an Stille und Ruhe. Ihnen das zu rauben, heißt, sie körperlich, seelisch und geistlich zu schädigen.

Bei den intellektuell' Veranlagten haben wir es mit einem schwächeren und einem stärkeren Typ zu tun. Die Stärkeren zeichnet ein vorwärtsstrebender Wille nach Wissen aus, der nicht lockerlässt, wie auch immer die Umstände seien. Dutzende so begabter Missionarinnen hätten schon bei einer geringen Ermutigung ihre geistigen Kräfte nicht so verschwendet, wie das tatsächlich der Fall ist. Doch die gleiche Parole (›Keine Zeit‹) schränkte auch sie ein. Sie kehren dann voller Eifer ›für die Arbeit‹ zurück, doch alle Gedanken stecken fest, was ›ihre Arbeit‹ betrifft. Sie sind davon ganz eingenommen, und keine neue Schau ist mehr möglich. Das Unglück ist, dass die Betreffenden mehr oder weniger mit diesem Zustand zufrieden sind.

Der ›Typ des Ideen-Umsetzers‹ ist beliebt bei der überarbeiteten älteren Mitarbeiterin. Wundert man sich darüber, so wie die Dinge liegen? Auch diese Art der Begabung hat ihre Gefahren, denen man rasch erliegen kann, wenn die zugeordnete Mitarbeiterin nicht wach dafür ist. Es bestehen nämlich wie bei den erstgenannten Typen positive und negative Möglichkeiten, d.h. man kann in den Linien einer weiteren, größeren Schau arbeiten und daran wachsen, oder man bringt eben seine Zeit damit zu, dass man sich einfach von der Notwendigkeit des gegenwärtigen Augenblicks treiben lässt. Es bedeutet einen schicksalsschweren Unterschied, welche dieser beiden Richtungen eingeschlagen wird. Daher brauchen Frauen dieser Art in ihrer Umgebung Freundinnen, die ihnen unermüdlich ein hohes Ziel vor Augen halten.

Die Versager unter den Missionarinnen und allen Arbeitern im Werk des Herrn sind diejenigen, die nie mit ihren eigenen geistlichen, persönlichen und sozialen Schwierigkeiten fertigwerden. Das mag damit zusammenhängen, dass bei der Aussendung Fehler gemacht wurden und somit Menschen aufs Missionsfeld kamen, denen in ihrem geistlichen Leben der Bezug zur Wirklichkeit fehlte. Es mag auch sein, dass befähigte Menschen im Räderwerk alltäglicher Routine bei zu großer Arbeitsfülle hängen blieben. Dadurch tritt früher oder später eine Erschöpfung ein, die sie unfähig macht, persönliche Probleme zu meistern. Naturgemäß verkümmern unter diesen Bedingungen Geist und Gemüt. Um für die Unfruchtbarkeit einen Ausgleich zu schaffen, suchen sie Ersatz und Befriedigung ›in der Arbeit‹, in die sie alle Kräfte investieren. Darunter leidet bei diesen Missionarinnen ihr Frau-Sein. Frau-Sein bedeutet mehr als das glänzende Ideal, das wir in Bezug auf den Erfolg in der Arbeit haben; es bedeutet Geduld, Barmherzigkeit und sich stets vertiefende Güte. Es bedeutet die Willigkeit, in die Tiefe zu steigen. Wie aber können Frauen, die selbst innerlich alt und unfruchtbar wurden, ihre jüngeren Mitarbeiterinnen das Geheimnis wahren Fruchtbringens lehren? Sie hatten ja selbst nicht die Hilfe oder den Mut, Begegnungen mit Menschen und Dingen so zu durchleben, dass sie das Wesentliche und Unwesentliche erkannt hätten.

Wir müssen darauf achten, dass sich frühere Fehler in diesen Fragen nicht wiederholen. In unserer Ausbildung lag tatsächlich ein großer Mangel. Wir brachten viel Zeit damit zu, den jungen Menschen Hilfe für ihr geistliches Leben zu geben; wir versuchten, sie für den künftigen Dienst zuzurüsten, aber ihr Gemütsleben überließen wir weithin dem Selbstlauf. Hier befindet sich jedoch in uns allen das eigentümliche Hinterland, in dem sich Ängste, Schüchternheiten, Unlustgefühle, Minderwertigkeitskomplexe, rachsüchtige Gedanken, Überheblichkeit und falsche Reserviertheit einnisten. Unser geistliches Leben dringt sehr oft nicht bis zu diesen Hintergründen vor, weil es zu oberflächlich ist. Und doch ist hier das eigentliche Gebiet allen Kampfes, allen Zerbruchs und aller Zerstörung. Sobald eine Frau versäumt, ihr Gemütsleben zu pflegen, und mit dem unbewussten Gefühl eines Mangels herumläuft, ist ›die Arbeit‹ die einzige Möglichkeit, die Befriedigung verspricht.

Bei uns Frauen verwandelt sich aber das Gefühl, innerlich zu kurz gekommen zu sein, mit beinahe naturnotwendiger Folgerichtigkeit in den dringenden Wunsch nach Macht. Ich glaube, dass dies der Hauptgrund ist, weshalb Missionarinnen – und die Frauen daheim ebenso –, sobald sie in der entsprechenden Stellung sind, sehr oft jenen feinen Hauch der Christusähnlichkeit, die Demut, verlieren und hart sowie herrschsüchtig werden und auf ihre Arbeit versessen sind.

Erfolg muss vor allem auf der geistlichen Ebene verwurzelt sein. Wenn der Erfolg in der Arbeit voransteht, dann wird das Leben gewiss der Heimat und des Friedens beraubt. Wenn eine junge Mitarbeiterin weder den geistigen und seelischen noch den körperlichen Spannungen einer Missionsarbeit standhalten kann und wenn sie dabei ohne die Hilfe der Älteren bleibt, kann sie nur denselben Weg des Verlierens einschlagen – es sei denn, sie hat einen außergewöhnlich starken und gefestigten Charakter. Nur die Frauen, deren Gemütsleben ausgeglichen ist, können wissen, was jedes Leben im Prozess der Reifung erleiden muss. Sie allein sind darum imstande, einen klaren Weg durch alle Wirrnisse hindurch zu zeigen.

Wir wollen nicht andere tadeln; niemand hat das Recht, jemanden unberechtigt zu kritisieren. … Aber es gilt, noch so viel zu lernen und zu verstehen, und der Weg zu neuer Freude in der Gemeinschaft ist ein Weg größerer Ehrlichkeit, größerer Klugheit und größeren Wirklichkeitssinns. Viel mehr als jede andere Straße, die wir bisher wanderten, lässt er jeden selbst den Weg zu geistlicher Vollkommenheit finden.

Was auch an Qualifikation nötig sein mag, wir müssen vor allem Frauen aussenden, die jede mögliche Situation als lebendigen Ansporn begrüßen. Wir müssen nach den Anzeichen einer lebensbejahenden Persönlichkeit Ausschau halten.

Für die meisten wird die Zeit der Ausbildung ausreichen, um ihnen in dieser Hinsicht Gelegenheit zur Selbst-Erkenntnis und zur Festigung ihres Gemütslebens zu geben. Das ist das Wichtigste, was sie lernen müssen; für Einzelne unter ihnen ist ein Jahr allerdings viel zu kurz. Wenn eine Missions-Anwärterin sich einer Anlage, die ihren Dienst beeinträchtigen könnte, bewusst wird, ist ihr ja offensichtlich noch nicht damit geholfen, dass sie sieht, was verkehrt ist. Alte Gewohnheiten müssen durch eine neue Einstellung der Gedanken überwunden werden; aber alte Übel sind so hartnäckig, dass dieser Prozess Zeit braucht.

Wir werden bedenken müssen, dass bei der Zurüstung der jungen Menschen geistige und seelische Gesundheit von noch größerem Gewicht ist als körperliche Gesundheit. Wenige Männer können wohl ganz verstehen, wie stark das Seelenleben einer Frau Fragen der Gesundheit beeinflusst. In den Tropen ist dies noch akuter.

Demütig bekennen wir, dass uns nur eine liebende, göttliche Macht aus der Ausweglosigkeit unserer Lage erretten kann. Sonst werden wir entweder durch die Unmöglichkeit einer bestimmten Situation gelähmt, oder wir gewöhnen uns daran und werden hart. Wir sehen im rechten Verständnis der menschlichen Natur ein neues Bewusstsein für tiefere Wirklichkeiten aufbrechen, das sicher den Keim besseren gegenseitigen Verstehens in sich birgt. Mir scheint, dass hier ein Ansatzpunkt liegt – eine Stelle, von der aus wir etwas tiefer in jene beiden Forderungen Jesu eindringen, die eben den Gesetzen des Himmelreichs entsprechen. Wir müssen mit diesen Geboten der Liebe in Übereinstimmung kommen, oder wir beschreiten einen verkehrten Weg.«

Dieses Bild der missionarischen Situation illustriert gleichzeitig Florence Allshorns bemerkenswerte Gabe, in das Herz der Dinge vorzustoßen. Hinsichtlich der Ausrichtung unseres missionarischen Auftrags war für sie die Echtheit des christlichen Zeugnisses von entscheidender Bedeutung. Ihre Erfahrung in Afrika hatte ihr eindrücklich die Unzulänglichkeit einer konventionellen Christlichkeit gezeigt. Dort war ihr aufgegangen, dass ihr Denken, ihr Bibellesen und (wie sie oft sagte) ihr Singen geistlicher Lieder vielfach keine Beziehung zur Wirklichkeit hatten. Sie hatte auch gesehen, dass das rechte Verhältnis zueinander der Erweis wirklicher Liebe zu Christus war.

Das Verhältnis zu Gott war für Florence von grundlegender Wichtigkeit, denn nur darauf konnte alles andere wachsen. War es geschwächt oder gar zerbrochen, bestand keine Möglichkeit inneren Wachstums. Florence mischte sich nicht in die Beziehung einer Seele zu Gott ein, berührte sie auch nicht mit ungeschickten Händen. Sie stand nur bereit, dort zu helfen, wo es nötig war, und sie hielt eifrig Ausschau nach den Früchten, die aus einer rechten Gottesbeziehung heraus in der Gemeinschaft sichtbar werden sollten – Demut, Selbstlosigkeit, Überwindung der Kontaktarmut, Ordnung in der Gefühlswelt.

Was Florence unter der rechten Gottesbeziehung verstand, wird am besten aus ihren eigenen Worten ersichtlich. In einer Schrift über Erziehung sagt sie: »Wir finden so schnell bequeme Entschuldigungen, dass wir eben nicht vollkommen seien, und vergessen dabei, dass wir doch aufgerufen sind, ›Heilige‹ zu sein. Heilige sind Leute, von denen Gott Besitz ergriffen hat und die nun lernen, mit seiner Liebe Freund und Feind zu begegnen. Wie könnten wir sonst eine kraftvolle und klare Ausrichtung haben, wenn dieses Lernen gelebter Liebe zu Gott nicht in der Praxis des Alltags daheim oder draußen den ersten Platz einnimmt? …

Warum setzen wir unsere Ziele nicht in dieser Richtung? Weshalb spornen wir stattdessen unsere Schülerinnen zu ununterbrochener Aktivität an, ehe wir gewiss sind, dass sie gelernt haben, das Erkannte wenigstens bis zu einem gewissen Grad zu realisieren? Wieso ersinnen wir uns ein Gebilde nach dem Muster eines ›guten, freundlichen Heiden‹ mit einer guten Portion Hingabe an ein religiöses Ideal?

Ich weiß, das klingt nicht sehr freundlich. Es scheint nicht einmal ganz zu stimmen, und wenige werden es annehmen. Wenn man aber die Ergebnisse einer mittelmäßigen Christlichkeit sieht, gelangt man unvermeidlich zu dieser Sicht. Sie kommt auf jeden Fall der Wahrheit sehr nahe, und jede Frau, die für geistliche Erfahrungen aufgeschlossen ist, würde dasselbe sagen, wenn sie an ihre Ausbildungszeit denkt.

Man nimmt es viel zu sehr als gegeben an, dass jede Anwärterin ein lebendiges und fruchtbares geistliches Leben hat. Dabei haben wir die merkwürdige Ansicht, dass der Heilige Geist alles für uns tun werde, selbst wenn wir nur gelegentlich darum bitten und dies vielfach mit kaltem Herzen tun. Aber die Gnade und Kraft des Heiligen Geistes in ihrer ganzen Fülle ist nur die eine Seite. Darüber wollen wir uns keiner Täuschung hingeben. Bevor wir diese Fülle in Anspruch nehmen können, muss Gott uns zeigen, dass unser

Wille gereinigt werden muss. Wir müssen lernen, uns vom Eigenwillen und seinen Ansprüchen lösen zu lassen. … Darum wollen wir keine säkularen Ausbildungsstätten mit religiösem Einschlag – d.h. Einrichtungen, die Theologie, Anthropologie und Bibelkunde einschieben, als wären das Fächer, die wie Mathematik erlernt werden können. Auf alle Fälle brauchen wir für den zweiten Teil der Ausbildung ein eindeutig biblisch ausgerichtetes Haus – nicht in dem Sinne, dass es von der Welt der Sünder und den Weltmenschen abgeschottet ist. Wohl aber muss es eine Gemeinschaft von Menschen sein, die darum ringen, von Gottes Geist erfüllt zu sein, und von hier aus Wege suchen und finden – sowohl in die Welt als auch zu den tieferen, göttlichen Wahrheiten.

Für die meisten ist es ein langer schwerer Prozess, dieses Werden des neuen Menschen, der nicht endende tägliche Kampf, Gott zu finden, ihm näherzukommen sowie immer mehr zu denken und zu wollen, wie er will.«

Eine klare Gottesbeziehung muss nach Florence' Ansicht in eine aufrichtige Liebe zum anderen münden. In ihren Augen war der Gehorsam, den ein Mensch Gott darbringen will, weithin in der Liebe zu dem Mitmenschen sichtbar, der ihm zur Seite gestellt ist. Es schien ihr, als würde das Wort »Liebe« stets mit schlechtem Gewissen gedeutet. Weil im Gefolge des Ersten Weltkrieges die Lässigkeit, die Ablehnung von Autoritäten und die Leidensscheu Einzug hielten, wurde auch das große Liebesgebot verwässert, wobei es dem heute vorherrschenden Begriff behaglicher, nachsichtiger Laxheit Platz machte. Man redete und schrieb über Liebe, aber man ging nicht daran, ernsthaft zu erforschen, was Jesus darüber gelehrt hatte und wie er sie auslebte. Nur wenige wagten es, die Kosten solcher Liebe ins Auge zu fassen – dieser Liebe mit ihrem Mitgefühl, aber auch mit ihrer göttlichen Entrüstung und ihrer Entschiedenheit gegenüber denjenigen, die durch ihre Selbstbehauptung andere verwundeten und schädigten.

Alle, die lernten, in täglicher, wachsender und ganzer Bereitschaft für die beiden großen Wirklichkeiten menschlichen Seins – für Gott und den Nächsten – zu leben, wurden freie Menschen. Sie wurden davon erlöst, sich selbst verhaftet zu sein, frei von allem unzufriedenen »ich will« bzw. »ich möchte«. Ihnen wurde ein neuer Schwerpunkt außerhalb ihres Seins geschenkt.

Das Kreisen um sich selbst war für Florence *das* hassenswerte, verhängnisvolle, erdrückende und tödliche Hindernis für eine reiche, fröhliche Lebens-Erfüllung. Immer wieder kommt dieser Gedanke in ihren Briefen vor. Hier einige Beispiele:

»Erst wenn wir uns dem Gehorsam verschreiben, beginnen wir zu merken, dass wir so, wie wir sind, nie in das reine … Reich der Himmel eintreten können. Das Umgestaltetwerden beansprucht eine lange Zeit, weil die Ich-Liebe durch die Sünde eingewoben ist in jeden Schlag unseres Herzens, in jede Regung unserer Sinne, in jede Gewohnheit unseres Alltags. Langsam und zielbewusst müssen wir es lernen, zu dem Prozess eines Entleertwerdens Ja zu sagen. Erst wenn wir demütig werden, sind wir zur Nachfolge bereit, nicht eher. Demütig zu werden, ist der erste Schritt des Gehorsams; sind wir hierin ungehorsam, werden wir Pharisäer, Heuchler und fromme Musterknaben.«

»Ich hoffe, es geht dir gut. Das ist der Fall, wenn wir uns vom Ich befreien lassen, anders nicht. Wenn du das einmal so tief erfasst hast, dass du versuchst, ein wenig danach zu leben, wunderst du dich, warum in aller Welt du so zäh an deinem aufgeblasenen Ich hängst. Die befreite, klare Freude und der Friede im Herzen sind so kostbar! Ich werde dir keine Ruhe lassen, bis du zu diesem Weg bereit bist.«

Alle diese Lektionen mussten in die Praxis umgesetzt werden. Dabei mitzuhelfen, war der Zweck der Ausbildung. Das waren freilich keine Fächer, die theoretisch erlernt werden konnten. Florence wusste wohl, dass ein Geöffnetsein für Gott und den Bruder oder die Schwester etwas ist, was nur gelebt werden kann.

Das Herzstück der Ausbildung war Erziehung zum Gebetsleben sowie zum persönlichen und gemeinsamen Bibelstudium. Jede Neigung zu bloßer Frömmelei wurde dadurch überwunden, dass der

Prüfstein für alles Gelernte das Tun war. Die Seminaristinnen sollten lernen, an Schwierigkeiten zu wachsen – womit Florence gern auf einen Ausspruch von J. R. Mott Bezug nahm.

»Wenn uns im Lehrerkollegium Schwierigkeiten vorgelegt werden«, schrieb sie einer Mitarbeiterin, »sollten wir viel stärker die Frage berühren: ›Nun, so ist die Lage. Was willst du tun?‹, statt zu versuchen, die Frage für die Schülerin zu lösen. Wir sollten das Ganze in Beziehung zu einem Problem auf dem *Missionsfeld* setzen, wo die Betreffende wahrscheinlich allein sein wird. Solche Gelegenheiten sind der Übungsplatz. Begrüße darum die Schwierigkeiten, die unsere Schülerinnen während der Ausbildung haben. Hilf ihnen, mit ihrem Heiland hindurchzukommen, und lass nicht zu, dass sie sich auf dich stützen.«

Das Seminar bot eine Fülle von Gelegenheiten, sich auf dem wichtigen Gebiet der mitmenschlichen Beziehungen zu bewähren.

»Hilf der Schülerin, es mit dem Mädchen aufzunehmen, das ihr unsympathisch ist. Gib ihnen eine gemeinsame Arbeit und mache jeder die Eigenart der anderen verständlich. Erlaube ihr nicht auszuweichen, bis sie gelernt hat, sich einer Niederlage zu verweigern.«

»Das Ziel soll sein, in den Schülerinnen die Bereitschaft zu wecken, ihr Leben lang Lernende zu sein. Gelingt das, ist die Möglichkeit des steten Wachstums ansatzweise in sie gelegt. Wenn ein Mensch das Geheimnis lernt, dem Ruf Gottes und seines Nächsten willig und unmittelbar Folge zu leisten, so wird ihn jede neue Erfahrung, die das Leben bringt, weiterführen und ihm neuen Tiefgang vermitteln.«

»Jede Schülerin muss sich als Lernende ausweisen – nicht nur in den akademischen Fächern, sondern in all den kleinen Dingen des Lebens. Die Gefahr ist ja, dass wir so viel an andere weiterzugeben haben und dabei lange vom Besitz zehren können. Aber wenn eine Frau nicht willig ist, ständig zu lernen, so wird sie sich daran gewöhnen, das Vorhandene aufzubrauchen, und langsam austrocknen. Sie wird noch viel weniger Eifer oder Offenheit besitzen, von Afrikanern zu lernen.«

»Warum haben wir so wenige geistlich gesinnte Frauen, die unter ihresgleichen vorangehen?«, fragte Florence in späteren Jahren: »Hauptsächlich wohl deshalb, weil bei zu vielen kein inneres Wachstum mehr vorhanden ist. Sie versuchen dann, in einem Zustand geistlicher Unreife komplizierte Probleme und Aufgaben zu lösen, geben enttäuscht auf, und es bleibt nichts als jene bedauerliche Schaufenster-Auslage einiger geistlicher ›Restbestände‹, zu denen sie Zuflucht nehmen.«

Leben bedeutete für Florence in außergewöhnlichem Maße ein geschlossenes Ganzes. Deshalb konnte sie sich nicht, wie es häufig geschieht, mit einer akademischen Ausbildung in christlicher Atmosphäre zufriedengeben. »Das genügt nicht, um Lebensführungen in die rechten Bahnen zu leiten.« Sie selbst war sich klar über die Anforderungen, welche die oben erwähnte Art der Ausbildung an alle stellt, die sie erteilen: Ihr eigenes Sein muss ja das zum Ausdruck bringen, was sie lehren.

»Wenn die Vorsteherin selbst nicht im lebendigen Umgang mit Gott steht und nicht weiß, dass die Erkenntnis Gottes mit all ihren Auswirkungen in Wort und Tat das wichtigste Fach im Stundenplan ist, wird sie jeden noch so hohen Wissensstand einigermaßen verwässern. Übrig bleiben dann kleine, jämmerliche psychologische Einsichten und die halb traurige, halb zynische Resignation: ›Hoffen wir das Beste.‹ Und dann wird die Halbherzigkeit weiterhin das Zeugnis daheim und draußen lähmen und das Feuer des Heiligen Geistes dämpfen.«

Das war im Wesentlichen die Schau, die Florence hinsichtlich der Ausbildung der angehenden Missionarinnen hatte. Diese Linie sollte beherrschend sein, und alles andere fände dann in diesem Rahmen seinen richtigen Platz. Praktisch hieß das, dass die Heilslehre im Mittelpunkt des Stundenplans stand.

Florence mit ihrem Realitätssinn hatte keine Verwendung für Leute, die hinausgingen, ohne zu wissen, was sie andere lehren wollten. Sie setzte ihre ganze Kraft ein, um den Schülerinnen, soweit es in der zur Verfügung stehenden Zeit irgend möglich war, eine gute

Grundlage in allen Fragen christlichen Glaubens zu geben. Besonders aber sollten sie in der Schrift Bescheid wissen. Florence hielt dabei ebenso intensiv an der Überzeugung fest, dass glaubensmäßige Wahrheiten nur so weit in einem Leben Eingang finden, wie sie ausgelebt werden. Nie war sie mit einem rein intellektuellen Erfassen christlicher Lehre zufrieden; sie hielt stets Ausschau nach der Umsetzung im Leben.

Nicht, dass Florence akademisches Lernen unterschätzt hätte. Sie erkannte dessen Wichtigkeit für ihre Schülerinnen voll an und beklagte jede Verkürzung des Vorlesungsprogramms. Ebenso lag ihr sehr an praktischer Erfahrung in Jugendkreisen, bei geselligen Veranstaltungen und in sozialer Tätigkeit. Aber sie hielt sich bewusst und zielsicher daran, dass vordringliche Dinge den ersten Platz haben sollten. Oft diskutierte sie die Notwendigkeit eines abschließenden Examens, kehrte aber immer wieder zu dem Standpunkt zurück, dass, sobald die Schülerinnen auf ein Examen hinarbeiteten, das ganze Streben in diese Richtung auf Kosten des geistlichen Lebens und Wachstums gehe. Auch hier unterschätzte sie nicht den Wert guter Qualifikationen, von denen sie viel hielt, aber sie betonte, dass es keinen Zweck habe, wenn eine Frau einen hervorragenden akademischen Grad besitze, aber nicht mit ihren Mitarbeiterinnen leben könne.

Gott und der Mitmensch waren für Florence die beiden großen Wirklichkeiten, und vielleicht war sie gerade deshalb für die Schöpfung und den weiteren Kreis sozialen Lebens aufgeschlossen. Sie liebte das Leben in seiner Mannigfaltigkeit leidenschaftlich, denn es war Gottes Welt. Alles, was geschah, erregte ihr Interesse. Geschichte, Theorie und Praxis der Erziehung, Psychologie und Anthropologie, Hygiene, Hauswirtschaft, Wochenbettpflege und Kleinkindfürsorge sowie Krankenpflege waren in den Stundenplan aufgenommen worden oder wurden außerhalb des Seminars gelehrt. Bei der kurzen Zeit konnte von all diesen Dingen natürlich nur das Nötigste vermittelt werden. Es wurde jedoch so unterrichtet, dass die Schülerinnen offene Augen für das bekamen, was in all diesen Wissensbereichen noch gelernt werden könnte, sodass sie gemäß ihrer Veranlagung diese Studien später nach Möglichkeit ausweiten oder – wo es die Arbeit erforderte – während des Urlaubs einen besonderen Kurs in einem der Fächer belegen konnten.

Die Fragen der Gesundheit lagen Florence besonders am Herzen. Schon während der Ausbildungszeit kann viel getan werden, um kleinen gewohnheitsmäßigen Leiden beizukommen. Man hatte sehr guten Erfolg mit dem Versuch, eine jüngere Ärztin, die in Übersee gewesen war, für einen Tag ins Seminar einzuladen und sie dort übernachten zu lassen. Sie gab kurze Vorlesungen über die kleineren allgemeinen Beschwerden und blieb dann den ganzen übrigen Tag da, um jede Schülerin einzeln zu sprechen. Die verschiedensten Beschwerden stellten sich heraus – Dinge wie immer wiederkehrende Kopfschmerzen, Verdauungsstörungen, kleinere Fußleiden usw. Die betreffende Ärztin kam am Anfang eines Trimesters und gab Ratschläge. Dann besuchte sie die Schülerinnen nochmals kurz vor dessen Abschluss, um zu sehen, was getan worden war. Frauen neigen dazu, kleinere Leiden zu verdecken. Aber schmerzende Füße, die auf einen Senkfuß zurückgehen, können das Fass zum Überlaufen bringen für alle, die den größten Teil des Tages im tropischen Klima stehen müssen.

Es war sehr vorteilhaft, dass Florence' zweite Spezialität Hauswirtschaft war. Das gab das nötige Gleichgewicht.

»Wir kranken daran«, schreibt sie, »dass das sogenannte ›geistliche Leben‹ vom materiellen aufgesogen wird. Dem Geistlichen fehlt irgendwie der Bezug zur Wirklichkeit, wenn nicht Hände und Sinne gemeinsam daran arbeiten, etwas Wertvolles zu schaffen. Wir haben eine Überfülle an Ideen, aber es geht alles nach dem Motto: ›Man sollte, man müsste, man wird.‹ Wo werden diese Dinge verwirklicht, wenn nicht in kleinen Gruppen, die tatsächlich solche äußeren Dinge gemeinsam ausführen, mögen sie noch so alltäglich und gering sein? Ich komme mir so unfertig und unwissend vor, wenn ich die geschlossene Ganzheit bedenke, die das Leben sein könnte – ich habe im Augenblick eine kleine Abneigung gegen

Bücher. Während der ganzen Zeit, die wir mit Schriftstellern und Bücherlesen zubringen, handelt Gott. Das einzige Lebenswerte ist, hinzugehen und dem alles umschließenden Ganzen mit Leib, Seele und Geist zu dienen.«

Mit Leib, Seele und Geist zu dienen und den Dienst als einheitliches Ganzes zu sehen – das zeichnete Florence Allshorn aus.

Neue Ziele

Ist Erziehung zu einem Leben, wie es Florence vor Augen stand, in der begrenzten Zeit von anderthalb Jahren überhaupt möglich? »Niemals«, sagte Florence. Sie war deshalb zu der Überzeugung gekommen, dass die grundlegende Ausbildung vor der Aussendung sowie die erste Arbeitsperiode und eine Zeit weiterer Ausbildung während des ersten Heimat-Urlaubs als geschlossenes Ganzes gesehen werden sollten, und die Church Missionary Society stimmte ihr darin zu.

Ihre Erfahrung hatte ihr die Grenzen gezeigt von dem, was in der kurzen Ausbildungszeit möglich war. »Man kommt in dieser Zeit wirklich nicht weit«, schrieb sie einer Kollegin. »Die Schülerinnen kamen noch nicht ans Ende ihrer eigenen Kraft. Man kann nur behutsam versuchen, ihnen die Realität bewusster zu machen. Dazu kam so mancherlei, das besser – und vielleicht nur – aufgrund tatsächlicher Erfahrung in der Arbeit gelernt werden konnte. Das dringendste Erfordernis war, sich ohne jeden Kompromiss allem geistlichen Versagen zu stellen, das in der ersten Periode des Dienstes offenbar wurde.«

Was Florence in dieser Hinsicht bewegte, findet sich teilweise in folgendem Auszug aus einer Schrift, die aus jener Zeit stammt: »Im Licht der Erfahrung, die ich im Laufe von zehn Jahren mit jungen, vom ersten Tropenaufenthalt heimgekehrten Missionarinnen hatte, denke ich, dass sie sich mehr oder weniger durch vier verschiedene Haltungen unterscheiden:

Da sind einmal die Leute, die mit ihrem Leben und Dienst scheinbar ganz zufrieden sind. Ihr einziges Streben ist einfach darauf ausgerichtet, noch besser für ihre Arbeit zugerüstet zu werden.

Eine zweite Gruppe bilden solche, die spüren, dass sie zwar geistliche und aufbauende Arbeit leisteten, aber noch Besseres hätten vollbringen können.

Dann wieder kommen Heimat-Urlauberinnen zurück, die in sich ein tief eingewurzeltes, seelisches Problem entdeckten, das Zweck und Zeugnis ihres Missionsdienstes zugrunde gerichtet hat. Sie sind viel häufiger unter uns, als wir gewöhnlich denken.

Die vierte Gruppe umschließt alle, die aufgrund eines starken geistlichen Erlebens hinausgingen. Sie standen auf dem Missionsfeld im Kampf gegen Fürsten und Gewalten der Finsternis – der Teufel liebt solche Menschen nicht. Sie waren jedoch noch unerfahren in ihrem Leben mit Christus, hatten Niederlagen und empfanden ihre ganze Unzulänglichkeit. Sie kamen mit dem Gefühl nach Hause, sehr armselige Christen zu sein.

Etwas allgemein gefasst, passt jede Missionarin irgendwie in eine dieser vier Gruppen. Ich glaube, die Missionarinnen, die unbefriedigt sind und um ihr Versagen während der ersten Arbeitsjahre wissen, sind die hoffnungsvollsten. Jemand schrieb einmal: ›Die Besten brauchen eine lange Werdezeit – derjenige, der so rasch aufflammt und glänzt, ist ebenso rasch erloschen.‹ Es ist besser, sich um etwas Großes zu mühen und dabei sein Versagen zu empfinden, als sich mit dem Erfolg bei einer einfachen Aufgabe zufriedenzugeben. Es ist auch besser, stark empfundene Nöte im seelischen Leben zu haben und sie zu erkennen. Nur dann kann diese Versuchlichkeit durch den Kampf hindurch näher zum Ziel der eifernden Liebe hinführen, die auf Gott und die Menschen gerichtet ist. Starke Empfindungen können sich in starke, treibende Kräfte wandeln.

Der erste Heimat-Urlaub ist nun die große Gelegenheit, mit Gott und Menschen über die geistlichen Fragen zu reden, die jedem persönlich in seinem Dienst entgegentreten. Im Gedränge der Arbeit verloren die Betreffenden oft den Blickkontakt zu Gott. Sie hatten so wenig Zeit. Aber nun haben sie Zeit, und deshalb ist der erste Urlaub von einer solchen strategischen Wichtigkeit. Wir leiden schrecklich an christlicher ›Knochen-Erweichung‹, leiden auch an einem Christsein, das bei der Bekehrung oder beim Dienst stehen bleibt, während das vor uns liegende Ziel doch Vollkommenheit ist. Wir können es nicht verantworten, Menschen dabei zu lassen, dass sie sich mit etwas Geringerem begnügen als jener hohen Berufung, nach der Paulus sich ausstreckte.

Im Gedränge der Schlacht hat der Soldat keine Zeit, viel über seine Taktiken nachzudenken oder seine Waffen lange zu putzen – er kämpft und kämpft, so wie es der Augenblick scheinbar gerade erfordert. Nachher, wenn alles vorüber ist, kann er sich mit seinem Vorgesetzten überlegen, wie er in Zukunft Fehler vermeiden und bessere Leistungen erzielen kann. Deshalb muss den heimkehrenden Missionarinnen genügend Zeit zu ruhigem Denken und Überlegen gegönnt werden. Sie brauchen den Menschen, der auf dem Weg geistlichen Erlebens weiter vorangeschritten ist als sie, der nun, wo es nottut, helfen kann, verknotete Fäden in ihrer jüngsten Vergangenheit zu entwirren, und der ihnen Rat und Führung für die Zukunft gibt.

Wenn sie aber stattdessen an diesem tatsächlich kritischen Punkt ihrer Entwicklung sofort durch eine nicht endende Kette von Veranstaltungen in Beschlag genommen werden und dabei über ihre Erfahrungen draußen Bericht erstatten sollen, ehe sie Zeit hatten, darüber nachzudenken und für sich Klarheit zu gewinnen, können sie ernstlich Schaden nehmen. Wenn sie eine Versammlung von Menschen vor sich haben, die erwarten, etwas ›Erhebendes‹ von ihnen zu hören, fühlen sie sich verpflichtet, wirklich Gutes zu bieten. Der Erfolg besteht dann meist darin, dass sie lang und breit über die scheinbar gelungene Arbeit reden und dabei letzten Endes in Gefahr stehen, Fehler durch teilweisen Erfolg zu verdecken.

Nach einigen so verbrachten Wochen sind ihre Gedanken schon wieder völlig mit ihrer Arbeit beschäftigt. Sie sind nun durch die Freunde zu Hause in die heimatlichen Belange der Missionsarbeit eingespannt, und die einmalige Gelegenheit für eine wirklich zusammenhängende Zeit der ›Rückschau mit Gott‹ ist entschwunden. Der Rest des Urlaubs wird durch die Ansprüche von Freunden oder Verwandten und durch Abschieds-Veranstaltungen ›aufgesaugt‹. Während dieses Getriebes ist es sehr leicht, alle eigenen Unzulänglichkeiten draußen zu vergessen. Vielleicht denken viele überhaupt nicht mehr daran, bis sie auf ihrer Station wieder denselben Nöten gegenüberstehen. Dann plötzlich, wenn sie neu Empfangenes mitteilen sollen, entdecken sie, dass sie nicht weiterkamen. Vielleicht versagen sie sogar an demselben Punkt wieder.

Eine zweite Versuchung des Urlaubs ist genauso gefährlich, wenn auch weniger offensichtlich, als das im Reisedienst der Fall ist. Es ist die Tatsache, dass alle Kräfte durch die rein geistigen oder praktischen Ansprüche der Weiterbildung für ihren Dienst in Beschlag genommen werden. Beinahe jeder Missionar braucht entweder in der Kranken- oder Erziehungsarbeit oder in irgendeinem Spezialfach eine weitere Ausbildung. Und es ist wesentlich, dass diese Möglichkeit während des Heimat-Urlaubs gegeben wird. Aber nie darf die Weiterbildung an die Stelle weiterer geistlicher Vertiefung treten. Letztere bleibt unser dringendstes Bedürfnis, und die einzige Hoffnung liegt in der wachsenden Erkenntnis, dass diese Periode, in der man sich geistlich zurechtbringen lässt, im Lebenswerk der Botschafter Christi von primärer Bedeutung ist.

An dieser Stelle muss auch klar durchdacht werden, was wirkliche Berufung ist. Gehen Missionare hinaus, um zuallererst ärztliche Arbeit zu leisten, ist es selbstverständlich, dass die Erweiterung ihrer medizinischen Kenntnisse und die Besprechung mit erfahrenen und tüchtigen Ärzten den ersten Anspruch auf ihre Zeit haben. Gehen sie aber, um zuerst Botschafter Christi zu sein und um ihn der Welt zu zeigen, dann hat gewiss eine Zeit innerer Prüfung und Wiederherstellung, die ihnen neu seine Herrlichkeit aufleuchten lässt, das erste Recht, und nichts darf an ihre Stelle treten. Auf welche Weise auch immer sie sich dann bemühen, die Gesinnung Jesu Christi zum Ausdruck zu bringen – ob als Ärztin, Schwester oder Lehrerin –, die geistliche Erneuerung muss zuerst kommen, während alle übrigen Studien danach folgen.«

Florence sah mit wachsender Klarheit, welcher Art die Botschafter Christi sein sollten. Sie schrieb die wesentlichen Merkmale nieder: »Sie müssen einen wirklichen Hunger und Durst nach Gott haben und einen Glauben, der wirksam ist. Das große Erfordernis in unserer Zeit sind Menschen, welche die Fähigkeit haben, geistlich nach vorn zu sehen. …

Im Leben und Dienst sollte etwas von den kennzeichnenden Merkmalen eines Christen zu sehen sein – Demut und Geöffnetsein. Das sind keine Tugenden, die man haben kann oder nicht. Es sind die Bedingungen eines Christenlebens. Zeugen Jesu müssen genügend Disziplin haben, um mit ihren persönlichen Schwierigkeiten und Problemen fertigzuwerden. Wenn ein Christenleben kein sieghaftes Leben ist, muss man sich fragen, inwieweit es überhaupt vorhanden ist. In den Boten Gottes muss das Feuer einer Liebe brennen, die sie befähigt, mit anderen in echt christlicher Gemeinschaft zu leben. Diese grundlegenden Dinge müssen wachsen. Dazu sollte eben eine weitere Zeit der Zurüstung während des Heimat-Urlaubs helfen. Eine Zeit, in der auch dem Versagen während der ersten Arbeitsperiode und seinen Gründen in Ruhe nachgegangen wird.«

Die Möglichkeit, etwas Neues in dieser Richtung zu schaffen, nahm schrittweise bestimmte Formen an, solange Florence in Selly Oak war. Im Februar 1940 lässt sie in einem Rundbrief die Schülerinnen an ihren Plänen teilnehmen:

»Ich möchte euch weiterhin dienen mit meiner Erfahrung und aller Fürsorge, die ich für euch hege. Und zwar träume ich von einem Haus an einem schönen, stillen Ort. Ihr könntet jederzeit kommen, um Stille zu haben, zu ruhen, zu lesen, zu plaudern. Ein Ort der Erfrischung und Erneuerung, ehe ihr weiterzieht zu neuen Kursen und den übrigen ›Urlaubs-Abenteuern‹. Und ich möchte ihn auch für alle in der Heimat zugänglich machen, die einmal innehalten müssen, um Gott wieder neu zu begegnen.

Es ist ein Traum, noch ist keine greifbare Hoffnung auf Erfüllung vorhanden. Aber vielleicht verwirklicht er sich dennoch. Ich glaube, das würde einer Not abhelfen, und es bewegt mich so stark. Vor meinem Blick erstehen ein Haus und eine oder zwei warme, gemütliche Hütten im Garten, weit genug voneinander entfernt, damit man wirklich allein sein kann. … Da wäre ein Raum der Stille, den ihr nach Belieben benutzen könntet.

Und viele, viele Bücher unterschiedlicher Art sowie ein Raum für Bastelarbeiten müssten da sein. Ich glaube, je dringlicher der Ruf nach geistlicher Führung ist, desto stärker brauchen wir Zeiten der Einkehr und Wiederherstellung, in denen wir still werden, um Gott zu begegnen. Nicht nur während des ersten Heimat-Urlaubs, sondern in jedem Urlaub, und nicht nur für Missionarinnen, sondern ebenso für alle hauptamtlichen Mitarbeiter daheim, die immer in denselben Gleisen arbeiten.«

Wie dieser Traum allmählich Gestalt annahm, erzählt Florence in den folgenden Kapiteln.

Ein weiterer Gedanke, der im eben angeführten Brief nicht ausdrücklich erwähnt wird, nahm ihre Aufmerksamkeit immer stärker in Anspruch. Seine Verwirklichung wurde das beherrschende Merkmal in dem später unternommenen Versuch in St. Julian's. Seit der Krise ihres Lebens damals in Iganga hatte Florence neue Unterweisung über die Bedeutung der Liebe empfangen. Jetzt wusste sie sich berufen, abermals einen Schritt vorwärts zu tun, einem weiteren Ziel entgegen. Die Not des Durchschnitts-Christen besteht ja darin, dass er seinen Weg mit Gott nur bis zu einem gewissen Punkt geht. Daher musste nach Florence' Überzeugung ein Ort geschaffen werden, wo die Möglichkeit bestand, über jenen Punkt, an dem die meisten vorzeitig aufhören, hinauszugehen. Was das in sich schloss, muss Florence selbst berichten.

Vom Kampf und Wunder der Gemeinschaft

Florence berichtet: »Nachdem ich einige Jahre in Afrika zugebracht hatte, arbeitete ich zwölf Jahre in der Ausbildung junger Missionarinnen. In dieser Zeit wurde mir klar, dass eine zweite Periode des Lernens und Durchdenkens nötig war, sollte das geistliche Ziel, das vor den Ausreisenden stand, lebendig und fruchtbar erhalten bleiben. Last und Hetze der Arbeit drohten ja ständig, die Frage des Wachstums zur Reife in Christus aus ihrer zentralen Stellung zu verdrängen. Ich bin außerdem gewiss, dass ähnliche Schwierigkeiten den jungen Menschen in gemeindlicher oder sozialer Arbeit daheim zu schaffen machen, obgleich ihnen vielleicht mehr Hilfe gegeben werden kann.

Die Wunde, die überall in der Welt geheilt werden muss, wird vielleicht am sichtbarsten durch einen Bericht, den drei junge Missionarinnen gemeinsam verfassten:

›Wir steckten bei der ersten Ausreise wohl noch ziemlich tief in irgendeinem Idealismus oder waren lediglich von dem Wunsch beseelt, die Arbeit gut auszuführen, wobei wir kaum oder gar nicht bedachten, dass der Aufenthalt in einem anderen Land oder die Bezeichnung *Missionarin* nicht genügte, uns dazu zu machen. Die Abschieds-Veranstaltungen im großen Kreis der Gemeinde und bei Freunden sowie die Empfangs-Girlanden trugen dazu bei, dass wir uns wichtig fühlten. Sie rückten das eigene Ich groß in den Mittelpunkt des Bildes.

Und dann – Ernüchterung bei der Ankunft, Druck durch Überarbeitung, Zeitmangel, fehlende Sprachkenntnisse, unangenehmes Klima, Müdigkeit ebenso wie Schwierigkeiten in der Gemeinschaft mit den Mitarbeitern. Alles zusammen erzeugte Verwirrung und den Wunsch, dem Ganzen zu entrinnen. Vielleicht geschah das äußerlich durch eine Flucht in die soziale Tätigkeit und, wo das durch Beziehungen zu den Regierungsbeamten möglich war, in gesellige Veranstaltungen und sonstige Interessen, oder aber man zog sich innerlich in eine Traumwelt zurück, der jede Beziehung zur Wirklichkeit fehlte. In beiden Fällen bedrückte uns – was uns meist nur halb bewusst war – das Wissen, dass wir versagten. Ein Unterschied unter uns bestand allerdings darin, dass etliche ihre Mitarbeiter und die Verhältnisse anklagten, während andere die Schuld bei sich selbst suchten. Einzelne wurden hart, aggressiv oder verschlossen, andere angepasst und selbstzufrieden. Wieder andere gerieten in Verwirrung und verloren die geistliche Orientierung. Jede Neigung, in der Heimat vielleicht kaum beachtet, kam während der ersten Arbeitsperiode verstärkt zum Ausdruck. Keine von uns dreien war ohne weitere Vertiefung und Ausbildung zu einer zweiten Ausreise bereit. Glücklicherweise blieben wir bewahrt vor einer zu billigen Selbstgenügsamkeit hinsichtlich der Arbeit, die wir geleistet hatten – durch einen kleinen Funken gottgewirkter Unzufriedenheit mit uns selbst, der während unserer Ausbildung barmherzig in uns gesenkt worden war.‹

Das mag durch einen Abschnitt aus dem Bericht über die Erfahrungen einer jungen Missionarin ergänzt werden, der aus einer Reihe ähnlicher Bekenntnisse ausgewählt wurde:

›Ich steckte voll hoher Ziele und wollte viele Seelen aus der Finsternis ins Licht führen. Ich war mir bewusst, dass ich im Grunde heiraten wollte und viel lieber in England geblieben wäre. Aber als ich mich entschlossen hatte, nach Indien zu gehen, glaubte ich, es sei eine aufrichtige Entscheidung für Gott. Ich wollte evangelisieren und erwartete Bekehrungen. Möglich, dass ich mich selbst als den leuchtenden Mittelpunkt sah. Zwar war uns während der Ausbildung viel davon gesagt worden, dass wir stets Lernende seien, und dies besonders während der ersten Arbeitsperiode. Auch von Geduld und Verstehen hatten wir viel gehört, aber ich träumte vom schnellen, sofortigen Erfolg und von leichten Siegen. Auch glaubte ich, mich auf Zusammenarbeit zu verstehen. Doch ich merkte, dass ich unfähig dazu war.

Klima, Einsamkeit, Sprache, die Beziehungen untereinander – alles war unglaublich schwer. Nichts war im Grunde einfach, sodass ich dem klaren Ergebnis gegenüberstand: Gott oder Versagen. Ich wählte Gott, aber erst Jahre später fand ich heraus, dass das, was ich unter dieser Option verstanden hatte, eine Mischung aus Idealismus und absoluten Grundsätzen war und dass ich, wenn ich an Nachfolge dachte, lediglich meinen eigenen Vorstellungen von meinem Herrn huldigte. Ich kam von Indien zurück, voll überzeugt, dass ich recht hätte und die anderen im Unrecht wären. Ich meinte, es läge an ihnen und nicht an mir, dass wir nicht in einer Gemeinschaft zueinandergefunden hatten. Ich glaube, ich fühlte mich nicht im Geringsten gedemütigt, sondern nur maßlos belastet durch zerbrochene Ideale und zerstörte menschliche Beziehungen. Ohne meine eigene Sünde zu sehen, schob ich alle Schuld auf diejenigen, die mich in jenes Krankenhaus geschickt hatten.‹

Wir waren alle beunruhigt über die Mittelmäßigkeit unseres Zeugnisses von der Herrschaft Jesu Christi, und wir wussten, dass der einzige Weg der Überwindung in einer lebendigen Christusbeziehung läge. Glauben, Hoffen und Lieben müssten in unserem Leben deutlicher und klarer verwirklicht werden. Am Beginn unseres Weges mit Jesus ist unser Wissen um sein Wesen und seine Art der Liebe nur ansatzweise vorhanden und begrenzt. Wir meinen viel zu schnell, wir wüssten schon das ganze Geheimnis, und halten es für unnötig, uns in jenen Taten des Gehorsams zu üben, die uns für Größeres zubereiten möchten. Ohne sie können wir nicht Empfänger der himmlischen Gnade werden, die allein Blüte und Frucht hervorbringt. Glauben, Hoffen und Lieben – wir lernen darin nie zu Ende. Vielmehr sollen wir uns in großer Geduld täglich üben, diese drei Lektionen immer tiefer zu erfassen. Dazu sind wir ja durch einen Schöpfer berufen, der wohl wusste, wie er uns haben wollte. Wenn wir wollen, dass sich unser lebendiges Christsein in geistlichem Wachstum zeigt, können wir diese Lektionen nie als nebensächlich behandeln. Sie sind von überragender Wichtigkeit, und wir dürfen nicht zulassen, dass sie durch ein Heer geringerer Ziele aus unserem Leben verdrängt werden.

Glaube, wie Jesus und die Apostel ihn verstanden, war eine wirksame Waffe ›gegen die Gewalten, gegen die Weltbeherrscher dieser Finsternis, gegen die geistlichen Mächte der Bosheit‹. Wie immer man die Macht der Finsternis benennen mag, ihre Werke sind offensichtlich für jedermann. Glaube ist eine Waffe, angesichts derer Satan machtlos ist. Er ist der Triumphschrei des siegenden Streiters. Wo Glaube vorhanden ist, bleibt kein Raum für furchtsames Zögern. Sind wir nicht tragischerweise unwissend, was seine wahre Bedeutung betrifft? Müssen wir nicht dazu erzogen werden? Es ist eine schmachvolle Entwertung dieser mächtigen geistlichen Waffe, wenn wir ihre unermessliche Größe darauf beschränken, nur Mittel zur Überwindung kleiner Schwierigkeiten zu sein, mit denen der fern von Gott lebende Mensch ohne jeden Glauben fertigwird.

Ebenso verhält es sich mit der Liebe. Im Grunde unseres Wesens sind wir uns bewusst, dass wir jenen unerschöpflichen Willen zu lieben, der auf das entsprechende Gebot antwortet, kaum kennen. Wir unterscheiden diese göttliche Liebe nur selten davon, wie wir als Menschen andere lieben. Und wie könnten wir auch, wenn unsere Herzen so zerfressen sind durch den Egoismus, der in unserer Zeit um sich greift? …

An dieser Stelle lasse ich Dostojewski zu Wort kommen, der über die Liebe Jesu spricht: ›Solche Liebe ist ein teuer erworbener Besitz; sie zu erwerben, erfordert viel Mühe und lange Zeit. Man zahlt dafür wie für die Freiheit mit Blut und Tränen. Jesus starb aus Liebe, aber was wissen wir – du und ich – davon? Wir, die wir von Liebe schwatzen? Blind für ihre wahre Gestalt, beschränken wir sie auf eine armselige, alltägliche Vorstellung vom Freundlichsein.‹

Dass wir gefordert sind zu lieben und es doch nicht vermögen, schafft eine Ausweglosigkeit, die uns zur Verzweiflung bringt. ›Aber‹, wie Kierkegaard sagt, ›selbst Verzweiflung ist eine Wahl.‹ Eine Wahl, der wir ständig ausweichen.

Zu Anfang des Krieges arbeitete ich mit einem Mitglied unseres jetzigen Gemeinwesens in Selly Oak, wohin das Seminar für Missions-Anwärterinnen bei Kriegsausbruch evakuiert worden war. Aus einer Unzahl von Ideen und Erörterungen trat ein Gedanke mit wachsender Klarheit heraus. Es schien kaum einen Ort zu geben, wo man dem Druck des Lebens, den Anforderungen der Familie oder den mannigfaltigen Versuchungen des Reisedienstes entrinnen konnte. Und doch sehnten sich so viele, die aus harter, verantwortungsvoller Arbeit kamen, nach einem Plätzchen, wo sie sich in Ruhe aufhalten und vor Gott allein sein sowie ungestört lesen und beten konnten. Sie mussten Zeit bekommen, um mit anderen Menschen dem eigenen Versagen ins Auge zu sehen, gestörte Beziehungen zu ordnen und den wesentlichen Dingen des geistlichen Lebens nachzugehen.

Gleichzeitig brach bei verschiedenen Menschen unabhängig voneinander die drängende Frage nach dem Versuch auf, ein christliches Gemeinwesen zu gründen. In der Vergangenheit hatte Gott einzelne große Persönlichkeiten weithin sichtbar in den Dienst der Liebe gestellt und an verschiedenen Orten ungute Verhältnisse durch sie geändert. Solche Menschen fehlen uns weithin, und Gottes Geist scheint zu der Erkenntnis zu führen, dass heute der Gemeinde in ihrer Gesamtheit ein wichtiges Zeugnis aufgetragen ist.

Deshalb wollten wir ganz schlicht beginnen und die kleine Zelle eines christlichen Gemeinwesens schaffen. Ein schwieriges Unternehmen in jener Zeit. Aber wir glaubten, wir sollten hier die Frage christlicher Gemeinschaft gleichsam stellvertretend durchexerzieren. Wir bezogen also noch eine dritte Gefährtin ein und überlegten miteinander, was wir tun wollten und wer was tun sollte. Wir planten und warfen alle Pläne bald wieder über den Haufen. Ganz tief verborgen jedoch wussten wir, dass die Sache viel ernsthafter war. Während vieler Monate sahen wir kaum eine Möglichkeit der Verwirklichung, aber wir glaubten, dass der Gedanke von Gott kam. Und eines Tages taten wir den ersten Schritt. Wir verhandelten mit einem Grundstücks-Agenten. Nun verbrachten wir unsere freien Tage auf der Suche nach einem geeigneten Stück Land, wo wir beginnen könnten. Wir besaßen weder Geld, noch erhielten wir damals irgendeine andere Unterstützung, aber der starke Impuls, uns auf die Suche zu begeben, ließ uns nicht los.

1940. Um uns tobte der Krieg. Jeder von uns stand an anderer Stelle, aber wir hielten weiter Ausschau, und Anfang 1941 zogen zwei von uns aus – entschlossen, nicht umzukehren, bis ein geeigneter Platz gefunden wäre. An einem frostklaren Abend kamen wir nach Oakenrough in Haslemere und wussten, dass die Suche ein Ende hatte. Hier war der Ort, wo wir mit unserem Versuch beginnen konnten. Es war ein Haus, das testamentarisch einem Zweck wie dem unsrigen zugesprochen worden war, sodass wir es mit gutem Gewissen für den Anfang benutzen konnten. Noch eine Vierte war bereit, sich zu uns zu gesellen. Sie wollte das Kochen übernehmen. Die Menschen waren da, der Weg war frei, und in der Osterzeit 1941 zogen wir ein.«

Die Probe der Echtheit

»Oakenrough, ein Holzhaus, schaut von steiler Bergeshöhe ins Tal. Es sollte müden Menschen ein Stück Heimat bieten. Erwartungsvoll öffneten wir unsere Türen für die ersten Gäste. Mehr als sechzehn durften es wegen des mangelnden Raumes allerdings nie werden.

Das Haus war nicht bequem zu bewirtschaften, und man musste sich in die Gegebenheiten fügen. Aber es lag mitten im Wald, und die Umgebung war prachtvoll. In der nach Süden hin eingerichteten Küche konnten wir die Sonne am besten genießen. Dort lebten und kochten wir vier, dort erholten wir uns, und dort fochten wir die meisten unserer Kämpfe aus.

Die Mehrzahl unserer Gäste waren in jener Zeit kriegsmüde Leute, die Entspannung und Ruhe suchten. Nicht viele Missionare konnten nach Hause kommen, so wurde in Oakenrough zunächst nicht viel aus den Plänen bezüglich der Fortbildung. Dagegen fanden allerlei Konferenzen unter unserem Dach statt, und das Sekretariat der Church Missionary Society hielt regelmäßig seine Besprechungen bei uns ab. Diese Praxis dauert bis heute an.

Wir waren zu dem neuen Wagnis ausgezogen, aber wir erwiesen uns als bedauerlich unwissend. Ich denke, das große Hindernis bei uns und anderen war, dass wir als Angehörige unserer Generation wenig Disziplin und Gehorsam kannten. Wir hegten stattdessen unklare … Sympathien für einige wenige und empfanden lebhafte Abneigung gegen andere. Wir redeten viel über Gemeinschaft und Kameradschaft. Aber wir mussten noch den Weg finden, damit aus Worten Taten würden, und wir ahnten noch wenig von dem, was das in sich schloss. Sollen aber unsere verfahrenen Verhältnisse sich wandeln, so müssen Wort und Tat zu einer Einheit verschmelzen. Das fordert unseren ganzen Menschen. Gott führt uns in unermesslich weite Erfahrungsbereiche und stellt uns in immer wechselnde Proben, für die immer mehr Glauben nötig ist. Wir können uns gar nicht oft genug ins Bewusstsein rufen, dass das Grundübel in der Trennung von Denken und Handeln liegt und dass wir zum gehorsamen Tun gerufen sind, nachdem wir die Probleme benannt haben. So lernen wir Gott kennen. Das Abweichen von dieser Tatsache ist die Erklärung für die heimlichen Katastrophen unter uns Christen der Gegenwart. Die Probe aller Proben aber ist die Gemeinschaft, und hier versagen wir aus denselben Gründen. So war es bei uns. Wir verteidigten und rechtfertigten uns bis zu dem Augenblick, da wir uns der Tatsache stellen mussten, dass wir durch unsere Schuld nichts anderes als eine ungeordnete Masse von Einzelwesen waren. Von echter Gemeinschaft konnte keine Rede sein. Zu dieser Erkenntnis müssen wir wohl kommen, ehe wir den Lauf, der zu einem besseren Ziel führt, überhaupt beginnen können.

Ein Weiteres ging uns auf: Gemeinsames Leben in Echtheit und Warmherzigkeit erfordert Mut. In unserer christlichen Erziehung waren wir mit nichts in Berührung gekommen, was Heldenmut ähnlich sah. Der gottgewirkte Mut der Pioniere früherer Generationen scheint weithin aus dem Blickfeld der Christen verschwunden zu sein. Man wandelte das Christenleben durch Kompromisse in eine ›recht erträgliche Sache‹ ab. Aber ein solch platter Zustand des geistlichen Mittelmaßes wird keinen Menschen wachrütteln. Wir brauchen eine große Schau, die uns einen hohen Einsatz wert ist, bevor wir uns entscheiden können, ihr gemäß zu leben. So bescheiden diese Schau am Anfang auch sein mag – wir sind verpflichtet, ihr treu zu sein und nicht nachzulassen in unserem Bemühen, sie zu erreichen.

Wir alle müssen erst entdecken, dass die Weisheit Jesu Christi nicht eine einzelne glaubensmäßige Erkenntnis ist, sondern dass sie das Wissen des einen umfasst, der unseren Ursprung kennt und weiß, wozu wir geschaffen sind. Die Weisheit, die das Leben Jesu regierte und ihn zum Erstgeborenen unter vielen Brüdern machte, beherrscht zugleich das Universum. Jesus Christus aber ist uns zur Weisheit gemacht worden. Wir mussten lernen, dass wir nur auf seinem Weg zur Ganzheit unseres Lebens kommen konnten, denn wir sind seine Geschöpfe. Das Gleichnis vom Samen, der in der Erde ersterben muss, damit Frucht wächst, ist unausweichlich wahr. Sich selbst abzusterben, ist der einzige Weg, damit neues Leben entstehen kann. Das ist die geheimnisvolle Weisheit Gottes. Dieses Sterben aber erfordert einen unendlichen Mut.

Manche unter uns müssen das vielleicht auf rauen Pfaden lernen – mir selbst ging es so als Missionarin in Uganda. Ich kenne eine Frau, die eine ganze Nacht hindurch weinte, weil sie wusste, dass sie Christus verleugnet hatte. Und solche Erfahrungen vermitteln jungen Menschen mehr als viele Predigten. Dass ich diese Frau war, tut nichts zur Sache. Ich sah jedoch, dass dann, wenn der Mensch sich selbst vergisst und zu Gott schreit – wie auch immer die Situation ist –, die Vorbedingung für das Eingreifen Gottes gegeben ist. Was ich in jenen sehr harten Jahren erlebte, weckte in mir den Gedanken, an dessen Verwirklichung ich später in unserem Gemeinwesen arbeitete. Die Tatsache, dass ich diese Probleme in bitterer Erfahrung durchlebt hatte, gab mir einen gewissen Grund unter die Füße, um an solch einem Versuch als Initiatorin beteiligt zu sein.

Die Menschen, die an unserem neuen Wagnis teilnahmen, waren nicht nach besonderen Befähigungen ausgesucht. Am Anfang wusste ich selbst nicht, was dabei herauskommen würde. Ich wusste nur: Wenn es unser Hauptanliegen war, dem Gebot der Liebe zu Gott gehorsam zu sein, mussten wir ebenso lernen, den Weg zum Nächsten zu finden.

Es bestand die Versuchung, dass wir meinten, Gott zu lieben, weil wir in einer christlichen Arbeit standen. Doch wir sollten nicht im Zweifel darüber bleiben, ob wir auch dem Mitmenschen in echter Liebe zugewandt waren. Gerade bei diesem zweiten Teil des Gebots gibt es so viel Versagen unter Christen. Niemand schien einen Weg aus dem Gewirr der Hemmungen und Hindernisse in unserem menschlichen Miteinander zu finden. … Der bestmögliche Weg scheint für die meisten noch darin zu bestehen, es resigniert bei dem schwierigen Temperament des anderen zu belassen. Ob das nun in der Ehe geschieht oder anderswo, das Ergebnis ist stets dasselbe.

Vielleicht macht das gemeinsame Leben in Übersee, wo zwei oder drei Leute auf einer Missionsstation zusammengestellt sind, die Dinge rascher offenbar. Jedenfalls tritt dort alles unverhüllter in Erscheinung als zu Hause, denn es ist niemand sonst da, den man sich auswählen könnte. Ebenso wenig kann man denjenigen, mit denen man nicht auskommt, aus dem Weg gehen. Obgleich wir nun wussten, dass wir draußen und daheim in der Frage mitmenschlicher Beziehungen mannigfache Niederlagen erlitten hatten, zogen wir fröhlich aus, das Problem zu lösen. Wir waren, wie erwähnt, sehr unerfahren und ahnten kaum, welch echte Selbstlosigkeit von jeder gefordert wurde. Wir waren derart von Eigenliebe durchdrungen, dass wir ihr Ausmaß erst bemerkten, als wir uns auf das Wagnis gemeinsamen Lebens eingelassen hatten. Was uns zusammenhielt, war durchaus nicht die Tatsache, dass wir von Natur aus gut miteinander auskamen. Was uns durchhalten ließ, war vielmehr der Vorsatz, nicht aufzugeben, wenn wir festsaßen, und uns der Niederlage zu verweigern.

Wir waren keine Menschen mit besonderen Fähigkeiten. Soweit ich sehe, waren ein ziemlich hohes Maß an Ordnungsliebe und Schönheitssinn sowie viel guter Wille bei dem Entschluss, den Versuch zu wagen, einigermaßen gleichmäßig unter uns verteilt. Dazu kamen ein wenig echte Demut, die Fähigkeit des geistlichen Vorausblicks sowie ein gut Teil Vitalität und Zähigkeit. Dem stand auf der anderen Seite Lässigkeit gegenüber, die sich auf Geist, Gemüt und Verhalten erstreckte. Hochmut und gefühlsmäßige Unaufrichtigkeit brachen auf – Eigenschaften, die zum Wesen fast aller Menschen gehören. Wir lernten, Unbeständigkeit in uns zu erkennen und zu hassen; aber selbst wenn wir derartige Wesenszüge hassen, ist in uns jene schreckliche Selbstverteidigung, die sich gerade an diejenigen Dinge hängt, die wir doch lassen wollen. Bis heute fällt es uns sehr schwer zu sagen: ›Meine Schuld, meine persönliche Schuld, meine übergroße Schuld.‹ Aber wir kamen einem solchen Bekennen näher, und manchmal ist es uns wirklich gelungen. Das ist die Stelle, an der Dinge zwischen Menschen in Ordnung kommen.

In Wirklichkeit war es so, dass eine unter uns ziemlich nachlässig und unbekümmert war, während eine andere so genau war, dass dies Kleinlichkeit offenbarte. Könnt ihr euch vorstellen, was beide durchmachten, wenn sie gemeinsam das Essen vorbereiten und servieren sollten? Für lange Zeit befanden sie sich in einem ständigen Zustand der Aufregung, und wir wussten immer, wenn sie miteinander an der Arbeit waren. Die Küche schien von unterdrücktem Ärger erfüllt. Aber diese Atmosphäre verschwand, sie fanden mitten durch den Widerstreit der Gegensätze den Weg zueinander.

Nur wenn man weiß, dass es wirklich zielgerichtet vorwärtsgeht, wagt man, sich selbst zu sehen, wie man ist. Man kann dann auch ohne Furcht zugeben, wie man war. Uns wurde in der Gemeinschaft klar, dass das Bild, das wir von uns gehabt hatten, sich sehr unterschied von dem, was wir in Wirklichkeit waren. Wir hatten genügend Egoismus und Hochmut unter uns, um für Jahre alles zu ersticken, was von Güte und Hingabe gekennzeichnet war. Auch noch bei mancher anderen ›Seelenkrankheit‹ war göttliche Heilung erforderlich.

Die Szene, die sich mir darbot, war nicht so sehr die einer Gruppe von Leuten mit ungöttlichen Eigenschaften als die einer Arena, in der satanische Dinge in uns kämpften gegen alles geistlich Gesunde und Gottgewirkte in unserem Leben. Wenn der Kampf entbrannte, strauchelten wir und kamen zu Fall. Wir gingen durch furchtbare Momente der Zerstörung, und manchmal hatten wir keinen anderen Wunsch, als alles aufzugeben und davonzulaufen. Aber wir taten es nicht und lernten im Weitergehen wertvolle Lektionen.

Es erfordert einige Anstrengung, jene Anfangszeiten ins Gedächtnis zurückzurufen. Wir planten: A. sollte kochen, B. führte das Haus, C. hatte bei der Haus- und Gartenarbeit einzuspringen, und D. – nun, D. war ich: Ich sollte alles leiten, in geistlicher, geistiger und praktischer Hinsicht, damit alles einigermaßen koordiniert ablief.

A. erlebte ein Fiasko als Köchin, denn wir merkten, dass ihre Geruchs- und Geschmacksnerven sehr wenig ausgebildet waren.

Wir ertrugen verpfefferte oder ungesalzene Speisen geduldig, aber nicht lange. Die Dienste wurden neu eingeteilt: C. trat aufgrund eines früheren Kurzkurses in einer erstklassigen Küche in Aktion und kochte alles, nur dass es in keiner Weise erstklassig genannt werden konnte. Trotzdem, sie schlug sich wacker durch, doch die Küche glich jeden Tag eher einer Unglücksstätte, wenn endlich der Gong zum Mittagessen rief. Es war ein heilloses Durcheinander. A., hilfsbereiten Herzens, warf sich ins Getümmel und stellte täglich die Ordnung wieder her. Aber C. fuhr fröhlich fort, schmutzige Teller, Tassen und Schüsseln aufzutürmen, als könnte das immer so weitergehen. Auf der anderen Seite jedoch vermehrte sich A.s Arbeit und nahm allmählich ihre volle Zeit und Kraft in Anspruch. Die selbstverständliche Inanspruchnahme ihrer Hilfe verleidete ihr die Sache, und eines Tages war der Höhepunkt erreicht. A. war dabei, als C. sehr fromm mit einer Dritten darüber sprach, dass Liebe Rücksichtnahme bedeutet, und um alles zu krönen, führte C. in der Abendandacht noch einmal denselben Gedanken eindrucksvoll aus. A. stürmte hinaus, und es ging sehr unrühmlich zu.

So sehen die Heillosigkeiten aus, die eine Gemeinschaft auseinanderbringen können. Keiner von uns änderte damals seine Angewohnheiten sofort. Wir ärgerten uns immer wieder übereinander, denn wir hatten zu wenig Verständnis für unsere gegenseitigen Dienste, die uns zum Teil ja noch recht fremd waren. Diejenigen, die unter diesen Spannungen litten, waren Menschen, die zuvor unter gewöhnlichen Umständen recht gut mit anderen ausgekommen waren. Erst als wir uns weigerten, Kompromisse zu schließen oder uns mit dem billigen Angleichen auf einer recht oberflächlichen Basis zufriedenzugeben, kam ans Licht, dass wir im Hinterland unseres Gemütslebens und unserer Empfindungen der Herrschaft und der Liebe Jesu kaum Raum gegeben hatten.

Theoretisch wussten wir natürlich genau, wie wir sein sollten, denn wir waren notgedrungen eine Gemeinschaft von solchen, die andere weiterführen sollten. Sie kamen zu uns mit ihren Problemen des Zusammenlebens. Es waren genau auch unsere Probleme, und wir wollten nicht nur theoretische Diskussionen mit ihnen führen, wir wollten echt sein und aus Erfahrung reden. Wir wollten aus einem selbst ausgefochtenen Kampf den Weg zur Überwindung dessen zeigen, was ihrem Leben den vollen Ton echter Freude raubte. Aber die Unterschiede der Temperamente waren sehr groß, und die entsprechenden Unarten waren durch die Gewohnheit der Jahre tief eingewurzelt und von Eigensinn beherrscht.

Es ist schwieriger, als man meint, vier Frauen, die alle in einer verantwortlichen Arbeit Gutes leisteten, in einem Werk in echter Gemeinsamkeit zu vereinen. In einer Bemerkung aus jener Zeit schrieb ich: ›Es wird alles so lebendig – das Bestehen des Herrn Jesus Christus darauf, dass er *der* Weg ist, und sein Gebet: … *damit sie alle eins seien.* Ich glaube wirklich, dass wir freudige Nachfolger werden in dem Sinne, wie er es für seine Zeugen erbat und erhoffte. Wenn wir für kurze Augenblicke wirklich bei ihm sind, kommt eine tiefe Stille über uns, und wenn wir uns dann gemeinsam an eine Aufgabe begeben, wird unser Tun in neuer Weise schöpferisch. Aber da spüren wir dieses unausstehliche, gewohnheitsmäßige Hängen an uns selbst, unsere matte Liebe zu Christus und diese törichte Bindung an unsere eigenen Empfindungen, sodass mich manchmal Bestürzung ergreift. Ja, von unseren Worten her betrachtet, kommen wir uns unaufrichtig und unausgeglichen vor; aber vielleicht bin ich zu ungeduldig.‹«

»Wenn Menschen anfangen, über Lebens- und Wohngemeinschaften zu reden, die sie gründen möchten, sehen wir einander an. Sie kommen uns manchmal vor wie Leute, die zum Nordpol aufbrechen, ohne zu bedenken, dass sie einen warmen Mantel benötigen. Auf die Gefahr der Wiederholung hin will ich noch eine Mitarbeiterin von jenen zwei ersten Jahren erzählen lassen:

›Wir waren wohl nicht schlechter und nicht besser als der Durchschnitt, vielleicht werden andere auch zugeben, dass eine solch unfruchtbare Begebenheit wie die folgende sich ereignen kann. Wir schreiben sie nach langem Zögern nieder, denn es ist nicht leicht, davon zu berichten, obwohl jene Dinge nun weit zurückliegen. Aber wir erwähnen sie, um zu zeigen, dass man solche toten Punkte überwinden kann. So möchten wir Hoffnung weitergeben, denn wir finden tatsächlich, dass der unmöglich scheinende Weg gangbar ist. Um des christlichen Zeugnisses willen, worauf die Welt einen Anspruch hat, dürfen wir uns nicht mit Niederlagen zufriedengeben und resignieren. Denn es ist eben der verhängnisvolle und armselige Mangel an Kontakt, der so viel einreißt von dem, was wirklich aufbauender Dienst im Reich Gottes sein könnte. Die Leute scheiden dann entweder aus der Arbeits- oder Lebensgemeinschaft aus und geben ihre Arbeit auf, oder sie machen unbefriedigt weiter mit jenem unglücklichen Gewirr der Unlust, das tief in ihrem Wesen verborgen ist.

Wir hatten ziemlich viel miteinander darüber geredet, was es bedeutet, andere zu lieben, wie Christus uns geliebt hat. Wir konnten recht gedankenvoll darüber reden und meinten es ehrlich. Und doch konnte sich am nächsten Tag folgende Szene abspielen:

A. (aggressiv, sehr pünktlich, beherrschend [ohne zu empfinden, wie sie auf andere wirkte], nervlich unausgeglichen, ein Mensch mit schlechtem Schlaf) erscheint in der Küche: *Die Speisekammer* (B.s Arbeit) *ist in einem unverantwortlichen Zustand.*

B. (unpraktisch, unordentlich, überempfindlich in Bezug auf Kritik und schnell in der Defensive): *Du siehst nie, wenn etwas sauber ist. Ich habe viel Zeit gebraucht, um die Flaschen zu reinigen. Aber alles, was du siehst, ist die Speisekammer, die ich gestern reinigte, heute hatte ich wirklich noch keine Zeit.*

A.: *Es hat keinen Zweck, darüber weiterzureden. Die Speisekammer ist eine Schande, dieser Zustand wird unseren Zielen nicht gerecht.*

B.: *Nun, gestern war ich in den oberen Räumen. Im Wäscheschrank sieht es ziemlich unordentlich aus, du bist grundsätzlich ungerecht.*

A.: *Du nimmst auch gar nichts an, wirst nie etwas lernen und gibst stets dem anderen die Schuld.*

B.: *Wie kann man auch von jemandem lernen, der so selbstgerecht ist? Du sprichst wie die Herrin mit ihrem Dienstmädchen.*

A.: *Es ist sinnlos, du willst eben nicht lernen.*

So ging es weiter. Es waren kleine Anlässe, aber sie vermehrten die gegenseitigen Spannungen. Beide versuchten, eine Klärung zu erreichen, aber es dauerte Monate, bis sie nicht mehr den üblichen Fluchtweg beschritten und den anderen als Ursache aller Not anklagten, sondern ihren Anteil an der Schuld mit wachsender Klarheit erkannten. Diese und ähnliche Krisen waren der Anfang. Wir waren enttäuscht, verwirrt, verzweifelt.‹

Die Tatsache, dass bei einer solchen Nähe des Zusammenlebens nichts verborgen bleiben konnte und alles ans Licht kam, machte den Kampf ganz akut. Wenn Verwirrung und gegenseitiges Missverstehen beinahe unentwirrbar schienen, kamen wir zusammen, sprachen uns aus und fingen wieder von vorne an. Wir beteten, bekamen aber keine Antwort, bis wir unsere Sünde losgelöst von der Schuld derer sahen, die wir anklagten, unsere Gefühlsausbrüche veranlasst zu haben. Wie schon erwähnt, drückten wir uns monatelang um diese Erkenntnis. Langsam lernten wir, die gestörten Beziehungen ins Licht Jesu und von daher auch voreinander zu bringen, sodass andere uns die Wahrheit darüber zeigen und die Fehler beider Seiten aufdecken konnten.

Sobald wir uns den Tatsachen ehrlich stellten und uns um die Wiederherstellung der gestörten Ordnung mühten, gewannen wir ein neues Verhältnis, das … fest gegründet war, und nun konnte ein gesundes Wachstum beginnen.

Ich erwähnte schon, dass uns von Anfang an ein tieferes Eindringen in die Bedeutung des großen Gebotes Jesu als Grundlage vor Augen stand. Was das praktisch hieß, soll wieder ein Mitglied unserer Gemeinschaft berichten:

›Ich nehme an, dass jedermann sein Leben aufgrund eines Bildes aufbaut, das er von sich selbst hat. Einige Menschen entsprechen ziemlich genau dem Bild, an dem sie arbeiten. Andere gleichen ihm ein wenig, und die Dritten gar nicht. Aber niemand kennt sich selbst, bis das Bild an der Verwirklichung scheitert. Dieses Zerbrechen der Bilder, die wir von uns selbst hatten, war eine herbe Zeit. Manchmal schien es untragbar. Wir kannten Hass, Bosheit und jenen schrecklichen Wunsch, doppelt zurückzuschlagen, wenn wir verletzt wurden. Wir stellten fest, dass tief in uns Schäden vergraben waren, die wir nicht für möglich gehalten hatten. Es war ein solch tiefer Groll vorhanden, dass man wusste, man konnte nicht vergeben, und doch betete man täglich. Unter uns fand sich auch das Elend, das der Hochmut verursacht, der Unrecht nicht zugeben will. Und doch zogen wir diesen Zustand des Elends dem Nachgeben vor. Da war giftige Eifersucht, wenn ein anderer gelobt wurde, während man selbst doch klar wusste, was für eine Person das in Wirklichkeit war. Es war uns alles neu, und wir hatten kein menschliches Vorbild. Doch der Spiegel des Neuen Testamentes hielt uns unbeirrbar seinen Maßstab vor.

Wir standen vor der Wahl, entweder grollend zu resignieren oder uns ausdrücklich von Jesus lieben zu lassen und kraft seiner Liebe durch die Schwierigkeiten hindurch auch den Weg zueinander zu finden. Wir waren mit unserer Ehrlichkeit an die Stelle gekommen, an der es unmöglich ist, aus eigener Kraft zu vergeben. Aber wir sagten nie: *Frieden, Frieden!, und da war doch kein Frieden.* Wir wagten allezeit, den Kampf um wahren Frieden gläubig aufzunehmen. Der Teufel und die Mächte des Bösen kämpfen am hartnäckigsten, wenn man sie angreift; das bekamen wir zu spüren. Aber seit jenen ersten Jahren des Zerbruchs zeigt sich uns im Nebel zerstörter Ordnung immer deutlicher ein Weg. Wir merken, dass es eine Kraft gibt, die mehr dem wahren Wesen der Liebe entspricht als das, was man gewöhnlich darunter versteht. Wir wissen, dass es für Menschen, die an irgendeiner Stelle ihres Seins Angst davor haben, dass andere ihr wahres Wesen entdecken könnten, keinen echten Frieden gibt, wie auch immer die Fassade aussehen mag, hinter der sie sich verstecken. Wir müssen diese Angst vor dem Offenbarwerden überwinden, wenn wir unserer Generation wirklich eine Botschaft bringen wollen.‹

Von dem oben Geschilderten her verstehen wir: Als das Wort Fleisch wurde, offenbarte es sich durchaus nicht nur durch Lehren und Unterrichten, sondern im praktischen Handeln. Dementsprechend sollen wir bei all unserem Tun, sei es noch so gering, in Christus leben. Die Küche (darin lebten wir hauptsächlich) und das Haus waren für uns die Arena, in der wir kämpften und fielen – oder kämpften und siegten; wir waren dort unbewusst Zeugen, doch nur dann, wenn wir uns Christus so überließen, dass er uns von unserem Ich lösen konnte. Wir hatten verschiedene Gaben. Einige hielten gute Andachten und gaben wertvolle Beiträge in Studiengruppen, andere halfen in der praktischen Arbeit; aber nicht darin lag der letzte Prüfstein, sondern in der tatsächlichen Einstellung und im Handeln, etwa beim Abwaschen oder auch in der Art, wie man an einen anderen dachte, und schließlich darin, ob man bei Differenzen Partei ergriff oder Trennungen heilte.

Man kann in seinem Dienstzimmer oder vor seiner Gruppe sitzen und mit wirklichem Ernst reden, aber die großen Dinge werden nicht nur da gewonnen; Demut, Großherzigkeit und eine friedfertige Gesinnung haben ihren Ursprung in einem Handeln, in einer durch Liebe geleiteten Reaktion. Es geht um ein Erkennen der Wahrheit, das vom eigenen Ich und der eigenen Anschauung gelöst ist – auch in Situationen, in denen die Wahrheit unangenehm für uns selbst ist. Bei wahrer Zusammenarbeit muss man seine natürliche, sich selbst schonende Trägheit und Unachtsamkeit aufgeben, wenn man zum echten Frieden kommen will. Man gerät in immer neue Lagen, und es ist ein stetes Wählen, ob man den Weg seines Ichs oder den Weg der Liebe gehen will. Man kann nicht durch glänzende Reden, selbst wenn es darin um geistliche Dinge geht, das verdecken, was man in Wahrheit ist. Wir können in der Kapelle ohne Heuchelei nur so reden, wie wir zu Hause leben.«

Die Gemeinschaft von St. Julian's

»Wir haben schon verdeutlicht, dass der zwingende Beweggrund für unser neues Wagnis das Wissen um die Notwendigkeit erneuerter mitmenschlicher Beziehungen war. Sind das heute überall aufbrechende Streben nach Gemeinschaft und der Wunsch nach echterem Miteinander ein wesentlicher Bestandteil christlichen Lebens, oder sind sie nur eine nebensächliche Ergänzung? In jüngerer Vergangenheit neigten viele dazu, Gemeinschaft zwar als eine bereichernde Folge christlichen Lebens anzusehen, aber nicht als einen unerlässlichen Bestandteil, durch den die Integrität des Christseins zum Ausdruck gebracht wird. Die Folge war, dass das gemeinsame Leben sehr häufig entweder aufhörte, christlich zu sein oder die Betreffenden zu bereichern. Es entfaltete sich nicht mehr und verlor allen Glanz. Wir geben zwar zu, dass die tragende Kraft allen echten, gemeinsamen Lebens das königliche Gebot Jesu ist, aber wir weigern uns, in die Tiefe zu steigen und ganz zu gehorchen.

Immer wieder besteht in unseren Tagen die Gefahr darin, dass der Gehorsam gegenüber der zweiten Hälfte des königlichen Gebots Jesu seinen wichtigsten Ausdruck lediglich in humanistischen Bewegungen findet. Der Wunsch, sozial zu handeln, steht stärker im Vordergrund als Liebe und Verstehen. Wir sind ausgezeichnete Sozialarbeiter, Organisatoren im christlichen Bereich, Ärzte, Schwestern oder Lehrer. Aber wir haben den sprudelnden Quell der Liebe Christi und darum auch die ›Gemeinschaft miteinander‹ verloren (1Jo 1,7).

Leute außerhalb der Gemeinde sehen wohl unsere kleinen christlichen Gruppen, unsere Gemeinden, unsere Schulen und sonstigen Tätigkeitsfelder, aber sie können sie nicht mehr als hell strahlende und wegweisende Lichter am dunklen Ort erkennen. Unsere christlichen Komitees, Konferenzen und Vereinigungen sollten alle Lichtzentralen sein, wo der Heilige Geist wirkt – und so oft sind sie es nicht. Statt: ›Wie diese Christen einander lieben‹, hören wir: ›Mir missfallen christliche Veranstaltungen oder Organisationen, dort ist so viel Klatsch und Neid.‹ Diese Kritik wäre nicht so schlimm, wenn sie nicht so oft der Wahrheit entspräche.

Jesus sagt: ›Wo zwei oder drei versammelt sind in meinem Namen, da bin ich in ihrer Mitte.‹ Warum erfahren wir die Wirklichkeit dieses Versprechens so selten? Wie kommt es, dass Menschen, die einen solch guten Anfang gemacht haben, zwischen ihrem 30. und 60. Lebensjahr zurückgehen und Macht sowie Stellung um ihrer selbst willen festhalten? Sie fürchten sich vor dem, was andere denken könnten, und haben Angst davor, ehrlich zu denken und wahrhaftig zu leben. Warum geht dieser Prozess so oft bei Christen vor sich, die wirkliche Führer für uns sein sollten, und warum gerade in unserer Zeit so auffallend häufig? Warum gibt es in unseren Gemeinden nicht ›Heilige‹ entsprechend dem, was wir bei der vermehrten Erkenntnis und den reichen geistlichen Quellen erwarten könnten?

Ein Grund liegt ohne Zweifel darin, dass uns die feinen und versteckten Versuchungen des modernen Lebens davon abhalten, dem ersten Teil des Gebots – der Liebe zu Gott – gehorsam zu sein. Die Überbewertung der persönlichen Unabhängigkeit und des Erfolgs im Leben führten uns weit weg von der klar ausgerichteten, einfältigen Liebe zu Gott. Wir haben eine Verwässerung der wahren Werte zugelassen und der Hetze und Vielgeschäftigkeit des Lebens erlaubt, unseren Umgang mit Gott in den Hintergrund zu drängen. Es bleibt keine Zeit mehr für geistliche Erlebnisse.

Ein zweiter Grund besteht darin, dass uns das moderne Leben aus der Gemeinschaft herausführt in eine Masse von Einzelwesen, weg von wirklichem Kontakt, den wir mit unseren Mitmenschen haben sollten. Die Gemeinde, die Schulgemeinschaft, die Familie – sie alle sind noch vorhanden, aber die Verpflichtung ihnen gegenüber wird immer geringer. Wir können ihnen so leicht entrinnen, wenn wir wollen. Selbst wenn wir als Christen gemeinsam an einem großen Werk in Gemeinde, Mission oder Jugendarbeit beteiligt sind, so leben wir meist nicht zusammen und haben in unserer freien Zeit auch keine echten Begegnungen mit dem anderen. Selbst hier können wir den Gelegenheiten entrinnen, unseren Nächsten zu lieben wie uns selbst. Wir sind nur selten – wenn überhaupt – herausgefordert, durch wirklich grundlegende mitmenschliche Beziehungen uns inneren Konflikten oder Problemen stellen zu müssen, denn es ist niemand da – die Familie vielleicht ausgenommen –, dem gegenüber wir uns genügend verpflichtet fühlen.

Es wurde schon geschildert, durch welche bitteren Erfahrungen und zu welchem hohen Preis wir diese Lektion lernen mussten, als wir ein gemeinsames Leben begannen. Aber wir wussten, dass überall Menschen vor denselben Fragen standen. Auch aus diesem Grund wollten wir ja ein stilles Heim für alle haben, die sich erneut zurüsten lassen wollten für ihren Dienst, den sie in der von vielerlei Mächten bedrohten Gemeinschaft in Übersee taten. Es entsprach nicht ganz ihren wirklichen Bedürfnissen, zu ihrer einstigen Ausbildungsstätte zurückzukehren und wieder Schülerinnen unter ihresgleichen zu sein. Die junge Missionarin sollte ja erfahrener und reifer werden, denn der Grund für eine weitere Ausbildung war ein Zu-kurz-Kommen in den Aufgaben, zu denen sie gerufen worden war. Sie konnte jedoch ihre Gedanken nicht ‚eindeutig auf das richten, was sie nicht war, wenn um sie her die noch in der Ausbildung Stehenden zu ihr aufsahen und das bewunderten, was sie war. Wir mussten also ein Zentrum für reifere Menschen haben; dort konnte es auch zu Begegnungen mit solchen kommen, die in einer andersartigen Arbeit standen, d.h. mit solchen, die in der Heimat im gemeindlichen und sozialen Umfeld tätig waren, und womöglich mit Gästen aus anderen Ländern.

Dass unsere Vermutung richtig war, zeigte die Tatsache, dass Frauen jeden Alters zu uns kommen und dass wir schon zweimal in ein größeres Haus ziehen mussten. Unser Haus ist immer voll, und viele haben sich schon Wochen vorher angemeldet. Die Zahl derer, die für längere Zeit kommen, nimmt ständig zu – ja, eine Missionsgesellschaft legt ein so großes Gewicht auf diese vertiefende

Weiterbildung, dass sie längeren Heimat-Urlaub gibt, um sie zu ermöglichen. Das schien zuerst kaum möglich bei der Dringlichkeit der Aufgaben draußen, doch wich diese Sorge der weitschauenden Einsicht, dass ein Jahr, das für die oben erwähnte weitere Ausbildung weise genutzt wird, von hervorragender Wichtigkeit im Leben und zukünftigen Dienst der Missionarin ist. Der junge Mensch unserer Tage, ob Mann oder Frau, hat nichts von der Charakterfestigkeit der älteren Generation, und dem muss Rechnung getragen werden. Unsere Jugend lebt in einer schwierigeren Welt als wir einst. Sie braucht Zeit, einen Ort zu finden, wo sie Standfestigkeit entwickeln kann. Eine kurze grundlegende Ausbildung allein schafft das bei den allermeisten nicht. Auch junge Männer empfinden die Notwendigkeit weiterer Zurüstung; nur ist die Zahl derer, die Gelegenheit dazu haben, weit kleiner als bei den Frauen.

Wir wurden allerdings manchmal gefragt, warum solche, die eine Bekehrung erlebten und geistliche Erfahrung haben, weitere Ausrüstung brauchen. Hierzu ist zu sagen, dass es als Ausnahmen solche Menschen gibt, die eine frühe geistliche Entwicklung hatten und ihren Weg durch Schwierigkeiten finden können dank einer inneren Festigkeit und Reife, die den meisten unter uns fehlt. Die Erfahrung lehrt aber, dass es dabei nur um eine Handvoll Menschen geht im Vergleich zu den vielen Hunderten, die ohne Hilfe kein festes Lebensfundament finden können.

Will das besagen, dass die christliche Erziehung in der Vergangenheit unzureichend war? Zweifellos. Man beschäftigte sich in letzter Zeit in steigendem Maße mit der Erziehung von Leib, Seele und Intellekt. Aber hinsichtlich der geistlichen Erziehung trat nichts von diesem Eifer in Erscheinung. Und doch müsste diese Anleitung Hand in Hand mit dem ganzen Leben gehen; es geht ja darum, dass Christus durch den Geist in uns Gestalt gewinnt. Und gerade bei diesem wesentlichen Teil des Menschseins überlassen wir es den Betreffenden selbst, nur gelegentlich etwas aufzupicken, was ihnen weiterhelfen soll. Doch das mittelmäßige Christentum um uns herum zeigt deutlich genug, dass nur wenige ihr geistliches Leben in dieser sprunghaften Weise gestalten können. Unser Geist muss geschult werden durch alles, was auf uns eindringt, aber ohne Hilfe und Anleitung wirken die eindringenden Kräfte oft verwirrend statt aufbauend.

Alle, die das christliche Zeugnis ernst nehmen, müssen betroffen sein über die vielen unreifen Christen unserer Tage. Die meisten kommen nach einer Anleitung oder einem gedanklichen bzw. gefühlsmäßigen Predigtanstoß dahin, dass sie glauben, wenn sie regelmäßig die Gemeindestunden besuchen, sei alles in Ordnung. Sie erhalten wenig Führung im Blick darauf, wie sie ihren äußeren Gehorsam und ihr inneres Erleben zu einem organischen Ganzen verschmelzen können. Infolge mangelnder Anleitung im Bereich geistlicher Erfahrung kommt es zu einem Stillstand des Wachstums. Langsam gleiten sie in den Zustand hinein, in dem das innere Leben immer mehr verkümmert.

Vielleicht hat es noch keine Zeit gegeben, in der im gleichen Ausmaß die Aufnahme unverdauter Dinge mit einem feinen, aber abstrakten und leeren Denken verbunden worden ist. Wir ergaben uns dem Intellektualismus, und geistliches Wachstum wurde als selbstverständlich vorausgesetzt. Der Disziplin, dem sozialen Verhalten und der Korrektur falscher Gewohnheiten zugunsten eines kräftig pulsierenden, gemeinsamen Lebens und Schaffens wird eine viel geringere Aufmerksamkeit gewidmet als der intellektuellen Belehrung.

Verschiedene Gründe führten zu einer pädagogischen Strategie, der besonders daran liegt, eine Fülle von Kenntnissen und Fächern zu vermitteln. Infolgedessen stellt sie eine intensive Hinführung zu einem grundlegenden christlichen Gehorsam sowie eine letzte, klare Ausrichtung zurück. Die Betonung liegt zu sehr auf der Aneignung einer formulierten Wahrheit, anstatt den Lernenden Mut zu machen, selbst geistliche Wahrheiten zu entdecken. Jede Ausbildung, die glänzende Examina nicht an den ersten Platz stellt, gilt in den Augen der Welt als verfehlt. Und die Christenheit neigt viel zu sehr dazu, die Dinge nach einem weltlichen Maßstab zu beurteilen.

Woher kommt es, dass die Kirche in der Frage geistlicher Erziehung so wenig Hilfe geben konnte? Sie besitzt ein wundervolles Erbe biblischer Lehre, der viel hingebende Auslegung gewidmet wird. Vielleicht aber wird übersehen, dass Lehre und Erfahrung in wechselseitiger Beziehung stehen müssen und dass wir uns eine Lehre nur dann wirklich aneignen, wenn wir willig sind, sie im eigenen Leben zu erproben. So kann es geschehen, dass wir in der Bereitschaft zu Buße und Demütigung, die das Tor zum Eingang ins Himmelreich sind, an einem einzigen Tag tiefer in die Bedeutung der Menschwerdung sowie des Lebens, Sterbens und Auferstehens Jesu eindringen als in ungezählten Diskussionen. Nur Buße bewirkt geistliche Erneuerung. Sie allein bringt uns in das richtige Verhältnis demütigen Gehorsams Gott gegenüber und zur echten Menschwerdung. Damit ist die Annahme Jesu Christi und seiner Vergebung sowie das Leben in der Nachfolge Jesu gemeint, die zum Sterben unseres Ichs und zu einem neuen Leben in der Kraft des Heiligen Geistes führt. Diese Vorgänge gehören in unserem Leben untrennbar zusammen.

Welch ein Freiwerden schafft die Willigkeit, das Ich in den Tod zu geben! Was für Räume werden da frei, sodass geistliche Kräfte einströmen können! Wer das erlebt hat, weiß, dass es sich um eine echte Erfahrung handelt. Die Folge ist stets ein wenig mehr Licht, sodass Gott und nicht das eigene Ich in Herz, Gemüt und Leben verherrlicht wird.

Das mag vielen selbstverständlich sein, aber damit kehre ich zum Ausgangspunkt zurück. Es kommen Christen zu uns, welche diese ›geistlichen Wechselwirkungen‹ nie kennenlernten. Weder zahlreiche Predigten noch andere geistliche Hilfen machen Wahrheiten automatisch lebendig. Wenn uns einmal aufgeht, was unverwässertes, biblisches Christsein heißt, erkennen wir uns als diejenigen Geschöpfe auf Erden, die geistlich absolut blind sind.

Die Wurzel aber, aus der die Schwachheit modernen Christentums sprießt, ist Hochmut. Wir Christen und Jünger Jesu nehmen den Hochmut nicht ernst genug, der Teufel aber tut es. Er weiß:

Solange er die Menschen durch ihren Hochmut in der Hand hat, tut es nichts zur Sache, wie viele Gebetsgemeinschaften und Gottesdienste stattfinden. … Er kann dennoch früher oder später jede Gruppe von Christen durcheinanderbringen und damit ihr Zeugnis gegenüber der Welt verhindern. Für die Zwecke des Teufels ist ein hochmütiger Christ ungleich nützlicher als ein Atheist oder Heide.

Die verschiedenen Schattierungen des Hochmuts zeigen sich in persönlichem Ehrgeiz und Machtstreben oder ganz einfach in der Unabhängigkeit des Geistes, die nicht angetastet werden darf, in Selbstgenügsamkeit und Stolz. Hochmut steht der einen unerlässlichen Notwendigkeit geistlichen Wachstums (›nicht ich – sondern Christus‹) diametral entgegen. Wir haben sogar das Wort ›Demut‹ seiner wahren Bedeutung entkleidet und wollen nicht sehen, dass wir auf Sand bauen, wenn wir einen Hochbau des Christentums ohne die Grundlage echter Demut errichten.

Wo liegt die Heilung?

Einmal in der Rückkehr zu einem aufrichtigen, einfältigen Verlangen, Gott den Vorrang zu geben. Das zeigt sich in unserer Zeit darin, dass wir ihm täglich Raum geben. Dies geschieht ganz konkret dadurch, dass wir Zeit reservieren, die in besonderem Sinne Gott gehört und die es ihm ermöglicht, zu uns zu reden. Von daher erst können wir in echter Liebe Wege zueinander und zu wahrer Gemeinschaft dort finden, wo wir hingestellt sind. Das bedeutet jedoch nicht immer, dass wir neue Gruppen schaffen, wohl aber sollen wir die bestehenden aufbauen und in Schule, Universität, Gemeinde und Gesellschaft unser Verhältnis zueinander stärker von Wahrhaftigkeit und Warmherzigkeit prägen lassen.

Es heißt weiter, sich nicht mit oberflächlichen Kontakten zufriedenzugeben, sondern Zeiten zu finden, in denen einer den anderen kennenlernen kann. Es bedeutet auch das Erkennen und Anerkennen einer Zusammengehörigkeit, da einer dem anderen in Jesus Christus zur Seite gestellt ist.

Zum Dritten schien es uns, dass wir gewisse Gruppen brauchen, die Bahnbrecher gemeinsamen Lebens sind, neue Wege versuchen und dazu anregen. Diese sollten die Stabilität haben, die nur ein festes Fundament geben kann. Gleichzeitig müssen sie den Kontakt zu Menschen unseres Umfelds in allen Bereichen haben. Dieses ›spezialisierte Gemeinwesen‹ muss eine Eintrittsbedingung haben. Es bedarf keiner Besitzlosigkeit, aber die Armut im Geist muss vorhanden sein – die Bereitschaft, zu geben, sich mitzuteilen, persönlichen Stolz und Ehrgeiz zu opfern, unsere Gaben und das persönlich Erreichte anderen zur Verfügung zu stellen, ebenso wie einst die ersten Jünger von ihrem Besitz unabhängig sein sollten.

Mancher hat uns schon gefragt, auf welche Weise wir unsere Erfahrungen weiteren Kreisen vermitteln. Wir hatten in jedem Jahr von Zeit zu Zeit insgesamt mindestens 300 junge Menschen unter uns. Die meisten arbeiteten mit uns und gesellten sich zu unseren Studienkreisen und Diskussionen. Einige aus dieser Schar bildeten wieder Gruppen, die viermal im Jahr zu langen Wochenenden und außerdem noch einmal zu einer vollen Woche zusammenkamen. Es gibt ungefähr 80 Glieder solcher Gruppen, mehr als die Hälfte sind Missionare, die in alle Erdteile gehen und ausnahmslos ein kleines Gebiet erreichen werden, in dem sie arbeiten. Die Übrigen gehen zurück in Schulen, Universitäten, Krankenhäuser und Büros. Sie alle nehmen die gleichen Anregungen aus den Bibelarbeiten mit, die uns durch die verschiedenen Bücher der Bibel führen, und ebenso den Aufruf, Geschenktes und Gehörtes im praktischen Leben umzusetzen. In unseren Bibelarbeiten nehmen wir uns jeweils einen kürzeren oder längeren Abschnitt vor und beschäftigen uns damit die ganze Woche hindurch und nicht nur einen Tag, wie es sonst oft geschieht. Natürlich treten die Bibelarbeiten nicht an die Stelle des täglichen Bibellesens.

Kehren die Teilnehmer solcher Kurse in ihre Welt zurück, sind sie erneut von der Liebe Gottes entflammt und bewegt. Nun tragen sie diese Liebe in ihr Leben hinein. Moral kann uns im Stich lassen, Liebe nicht. Sie ist ein grundlegendes Element in der lebenslangen Heiligung. Solche Liebe wird nie fertig, sondern spricht immer: ›Ich jage aber nach …‹ Die Liebenden selbst merken ihr Wachstum kaum, und doch ist Liebe dynamisch. Jede kleine Tat der Demut und des Selbstvergessens wirft Licht auf den nächsten Schritt und weist nach vorn. Das ist eine Erfahrung und Tatsache, die wir nur in aller Demut bezeugen können.

Manchmal begegnet uns die Kritik, dass wir außerhalb der Welt leben. Aber niemand, der seiner Familie dient, steht damit außerhalb der Welt. Unsere ›Familie‹ kommt und geht, wie es in den meisten Familien mit erwachsenen Kindern üblich ist. Und sie will versorgt sein. 25 Menschen möchten täglich essen, 25 Schlafzimmer müssen genauso wie das geräumige Haus in Ordnung gehalten werden. Kursteilnehmer, Gäste und Mitarbeiter möchten sich aussprechen oder wollen bei ihren Studien angeleitet und beraten werden. Einkäufe, Waschen, Korrespondenz, Flicken und all die hundert anderen Dinge, die getan sein wollen, beanspruchen Zeit. Kaum finden wir eine Möglichkeit, um einmal eine besondere Konferenz unseres Gemeinwesens anzusetzen, falls das nötig ist. Wir sind genauso beschäftigt wie andere Menschen auch, denn wir stehen in einem Dienst, der uns ganz beansprucht, und müssen unser Ziel konsequent verfolgen, wollen wir nicht durch alle Anforderungen des Tages auf den Weg des geringsten Widerstandes abgedrängt werden.

Der Teufel ist hier genauso geschäftig wie überall in der Welt und unvorstellbar listig in all den Versuchen, durch die er uns davon abhalten will, mit ihm vollends zu brechen. Ich arbeitete in meinem Leben schon an mancherlei Orten (in den Armenvierteln, auf dem Missionsfeld, in Seminaren und Büros), und ich fand ihn nirgends beschäftigter als hier. Wir sind geneigt, unter ›Welt‹ Autobusse und Straßenbahnen, Büros, Schulen und andere Stätten geschäftigen Treibens zu verstehen, aber die ›weltliche Gesinnung‹, der Feind allen geistlichen Lebens, ist hier wie andernorts unglaublich schwer zu überwinden.

Wenn der ganze Tag mit kleinen Dingen ausgefüllt ist und dann ein Mensch in unserer Gemeinschaft oder außerhalb davon irritiert und drohend am Horizont unseres Tages steht, ist es schwierig, die Schau dessen, was wir möchten, lebendig zu erhalten.

Oft wird uns gerade in solchen Zeiten gesagt, wir ständen in der Gefahr, einseitig zu werden, und wüssten zu wenig, wie die Welt sei. Aber indem wir im Haus und auf der Farm, im Kinderheim und auf den dazwischenliegenden Feldern tätig sind, bleibt die Verbindung zu unserem Umfeld bestehen, und die Lebens-Erfahrungen derer, die kürzer oder länger unter uns weilen, gehen in unseren Erfahrungsschatz ein und weiten und bereichern ihn ständig.

Unser Gemeinwesen begann während des Krieges. Tief in unserem Herzen lag ein Sehnen, Wege zu finden, die dem Frieden dienten. Es ergab sich, dass wir eine Frauengruppe waren. Wir hoffen aber, dass auch noch derjenige Mann zu uns geführt wird, der sich dann für männliche Glieder unseres Gemeinwesens verantwortlich fühlt. Die Vollmitglieder desselben erhalten kein festes Gehalt, sondern nur ihren Unterhalt und ein kleines Taschengeld. Es ist aber für Männer schwieriger, ohne Gehalt zu arbeiten. … Es ist wohl möglich, dass in dem Wagnis erneuerter mitmenschlicher Beziehungen Frauen die besten Bahnbrecher sind. Trotzdem kommen viele Männer, um zeitweise das Leben im Haus und auf der Farm mit uns zu teilen.

Unsere Gäste, die an der praktischen Arbeit teilnehmen, merken rasch, dass wir gute Arbeit erwarten, und manchmal fragt man uns, was das mit geistlichem Leben zu tun habe, zumal nicht jeder praktisch veranlagt sei. Nun, alle können lernen, auch in den kleinen Dingen des alltäglichen Lebens ein gewisses Ziel zu erreichen; außerdem ist dies für Friede und Schönheit unseres Heims erforderlich. … Unser Leben muss man als Einheit ansehen. Daher können wir nicht in einem Teil unseres Menschseins nachlässig sein, ohne den ganzen Menschen zu gefährden. In der Qualität der vollbrachten Arbeit schlägt sich eine innere Einstellung nieder. Die Zimmermannsarbeit Jesu war gewiss nicht nachlässig oder halb fertig.

Wir kommen in einem Raum, der in Ordnung gehalten wird, schneller zur Ruhe, während ein Raum, der unordentlich ist und dessen Möbelstücke verstaubt und verschmutzt sind, eher zerstreuend als beruhigend auf uns wirkt. …

Wenn einer von den Leuten, die zu uns kommen, sagt: ›Ich bin eben nicht praktisch veranlagt‹, stellen wir ihn an eine praktische Arbeit. Durch seine Erfahrungen im Haus und in den Studiengruppen und durch das Vorbild lernt er, sich an dem zu freuen, was er in praktischen Dingen leistet. Jedermann erreicht ein gewisses Maß an praktischem Können. Natürlich geht es nicht bei allen gleich schnell. Die Lehrerin z. B., die bis dahin ausschließlich unterrichtete, und ein unpünktlicher, lässiger Mensch (der denkt, alles sei recht, wenn es nur getan wird) spüren bald, dass im alltäglichen Tun ein neuer Zug des eigenen Wesens geweckt wird – ein größerer Sinn für die Schönheit der Ordnung und die Freude am Werk der eigenen Hände. Damit geht die Befriedigung gemeinsamen Schaffens Hand in Hand, dank dessen das Ganze etwas Erstaunliches wird zum Wohl all der Menschen, die in unserem Haus Ruhe finden möchten. Sie kommen oft aus Häusern, in denen stets zu viel zu tun und nur eine Frau da ist, die alles bewältigen soll.«

Ein Plan wird Wirklichkeit

»Wir waren noch nicht lange in Oakenrough, als wir aufgrund des Raummangels ziemlich viele abweisen mussten, die dringend Entspannung suchten oder weitergeführt werden wollten. Daher überlegten wir, ob eine Erweiterung oder ein Umzug ratsam wäre. Noch dachten wir nicht an ein Heim für Kinder oder eine Vergrößerung des Gemeinwesens – und nur die Kaninchen sowie Ziegen deuteten darauf hin, dass wir auf einer Farm lebten.

Doch kaum hatten wir den Gedanken weiteren Wachstums Raum gegeben, geschah eines nach dem anderen. Beim Lesen der Zeitung entdeckte eine von uns das Bild eines Hauses, das zum Verkauf ausgeschrieben war. Wir erkundigten uns nach dem Preis und erfuhren, dass die Summe für das Haus 15 000 Pfund betrug. Obwohl wir alle zusammen nicht mehr als etliche hundert Pfund besaßen, fuhren wir nach Barns Green und besichtigten das Anwesen.

Vom ersten Augenblick an schien es uns die Antwort auf unser Fragen zu sein. Glücklicherweise waren um jene Zeit der Bischof von Worcester sowie etliche Freunde bei uns, die sich auf Finanzen verstanden. Sie berieten uns in geschäftlicher Hinsicht. Andere, die es gut mit uns meinten, rieten uns dringend, keine so große Verantwortung in so schwerer Zeit (im Kriegsjahr 1943) zu übernehmen. Doch einige Männer und Frauen des Glaubens ermutigten uns, den Schritt nach vorn zu tun.

Uns selbst erschien das ganze Unternehmen beinahe zu groß. Und doch glaubten wir, alles tun zu müssen, was möglich war, wobei wir nur darauf zu achten hatten, ob uns plötzlich ein Halt geboten wurde. Dies geschah nie. Jedes beunruhigende Hindernis, das vor uns auftauchte, wurde in erstaunlicher Weise überwunden. Wir hatten außer unserem geringen persönlichen Eigentum kein Mobiliar, keine Bestecke und keine Bettwäsche, da uns in Oakenrough alles geliehen worden war und selbstverständlich in dem Haus zurückblieb. Wir hatten praktisch auch kein Geld, um nur ein wenig von dem zu kaufen, was erforderlich war.

Und doch geschah das Unmögliche: Im Mai 1943 lasen wir die Anzeige, und Ende August desselben Jahres zogen wir ein. Ein kleiner Verwaltungsrat, dessen Vorsitz der Bischof von Worcester hatte, wurde eingesetzt, und wir fanden uns im Besitz von St. Julian's in Barns Green, das wir als Hypothek für die Summe von 12 500 Pfund gekauft hatten.

Und immer noch geschahen Wunder. Möbelstücke wurden großzügig geliehen, reichliche Gaben von Bestecken, Porzellan und Bettwäsche füllten die leeren Schränke. Wir selbst zogen auf Auktionen und wurden vertraut mit fast allen Gebrauchtmöbel-Händlern in der Nachbarschaft. Freunde halfen und schenkten in freigebigster Opferbereitschaft, und ehe das Jahr zu Ende ging, wussten wir, dass der einstige ›Plan‹, wie wir unsere Idee genannt hatten, in unserem Gemeinwesen Gestalt gewonnen hatte. So begann unser Leben in St. Julian's, unserem neuen Heim in Barns Green.

›Unserem Gott ist nichts unmöglich.‹ Mitten im Krieg stand sogar eines Tages ein Mann am Eingang mit der Frage, ob wir einen Gärtner benötigten. Gewiss brauchten wir ihn! Schon lange hatten wir danach ausgeschaut. Dieser Mann und sein damals zehnjähriger Sohn gehören noch heute ganz zu uns als Helfer, wo immer ein praktisch veranlagter Mann gebraucht wird.

Unser Haus sollte auch ein Heim sein, in dem abgekämpfte Menschen zur Ruhe kommen konnten. Wir nahmen deshalb keine Kinder mit den Gästen auf. Ein Kinderheim hielten wir für unmöglich. Doch eines Tages stand das benachbarte Anwesen zum Verkauf. Alles schien ideal für Kinder.

Fragen bedrängten uns: Wie können wir es kaufen? Womit möblieren? Wo waren die Menschen, die das Heim führen konnten? Wie sollte es finanziert werden? Aber wir hatten ja schon erfahren, auf welch wunderbare Weise Fragen, die unlösbar schienen, beantwortet wurden. So gingen wir ans Werk, und eines nach dem anderen geschah, bis 1946 das Kinderheim die ersten Insassen aufnehmen konnte. Heute ist es während der Ferien überfüllt und das übrige Jahr hindurch gut belegt. Das Wunder war, dass auch hierfür nacheinander die rechten Menschen zu uns geführt wurden – zuerst ein Missionar mit seiner Frau aus Afrika. Sie gestalteten das Haus zu einem Heim, in dem die Kinder in einer frohen Atmosphäre aufwachsen können.

Der Krieg ging zu Ende, und mehr Missionare kamen zum Heimat-Urlaub nach Hause. Sie kamen nach einer Zeit der Erholung zu uns, arbeiteten mit uns, nahmen an unseren Studiengruppen teil und blieben zum Teil für Wochen, Monate oder ein ganzes Jahr. Viele hielten diesen Aufenthalt für den wertvollsten Teil ihres Heimat-Urlaubs. Noch einmal wurde der Raum zu eng, unsere Gäste mussten ständig umziehen, damit alle, die kamen, irgendwie untergebracht werden konnten. …

In Barns Green konnten wir auch etwas größere Konferenzen unterbringen, und während unserer Zeit dort hatten wir Besuche aus Amerika, Afrika, China, Holland, Indien, Frankreich, Griechenland und der Schweiz. So blieben wir auf internationaler Ebene in Berührung mit anderen Christen und ihrem Denken. Doch die Raumfrage wurde immer bedrängender.

›Mache deine Seile lang‹, schien die Forderung zu sein, aber noch konnten wir uns nicht dafür entscheiden, auch nur suchend Umschau zu halten. Da geschah es wieder – jenes Geführtwerden im Alltag! Im Oktober 1949 entlief uns ein Hund, und nachdem er 24 Stunden lang verschwunden war, gingen wir noch am Abend auf die Suche. Wir kamen dabei an einem Anschlag vorüber, der einen ganz verborgen und abseits der Straße liegenden Besitz zum Verkauf ausschrieb. Er bestand aus ca. 115 Hektar Land, einem See, zwei Farmhäusern und 13 Hütten. Am folgenden Tag gingen zwei von uns zur Besichtigung, und es wurde uns beinahe sofort klar, dass dies unser nächstes Heim werden könnte.

Das Haus war größer als dasjenige in Barns Green. Es besaß drei Stockwerke, der Blick ging von der Terrasse über die Rasenfläche, den schimmernden See und die offenen Felder bis hin zu den South

Downs. Überall schienen sich hier Möglichkeiten zu bieten. Der Küchengarten allein konnte unsere weitverzweigte ›Familie‹ einschließlich des Kinderheims ernähren. Stauden und leuchtende Blüten säumten die Wege, und die zahlreichen Obstbäume versprachen reiche Ernte.

Auch das war zunächst nicht mehr als ein Gedanke. Kam er von Gott? Wenn ja, dann mussten die Berge von Schwierigkeiten, die sich vor uns auftürmten, durch seine Kraft weichen. Der Kauf von St. Julian's in Barns Green erschien allerdings wie ein Kinderspiel im Vergleich zu den Dingen, die uns erwarteten, als wir St. Julian's in Coolham erwerben wollten. Gott aber machte die Berge zur Ebene und sandte Männer und Frauen, die uns unterstützten. Wie hilfreich standen sie uns doch zur Seite – der Bischof von Worcester oder der Bankdirektor, der uns in den Fragen der Finanzierung beriet, und all die Treuen, die nach den ihnen zu Gebote stehenden Möglichkeiten rieten, halfen und mit Hand anlegten. Dank ihrer Hilfe wurde es möglich, dass wir am 19. Januar 1950 einziehen konnten. Der ganze Ort entspricht genau dem, was wir brauchen und uns wünschten. Noch fehlt zwar das Kinderheim, doch gerade in der richtigen Entfernung liegt ein Farmhaus, das vergrößert werden kann, und wenn alles gut geht, wird es ein schöner Ort für Kinder, an dem sie sich wohlfühlen werden.«

So ging ein Traum in Erfüllung, ein gottgeschenkter Gedanke wurde Wirklichkeit, denn dieses Kapitel wurde genau zehn Jahre nach dem ersten Wachwerden der Idee in Selly Oak geschrieben: 1940 – 1950.

Mitarbeiter Gottes

»Milch war in den Kriegsjahren eine seltene Kostbarkeit. Wir hatten sie so nötig für die Menschen, die oft sehr lange Zeit in den Tropen waren und in elender Verfassung heimkamen. Wir brauchten sie ebenso für diejenigen, die nach den harten Anforderungen der daheim verbrachten Kriegsjahre erschöpft zu uns kamen. All unser Mut war erforderlich, um den nächsten Schritt zu tun, doch im gleichen Jahr erstanden wir durch eine Sammlung unsere erste Kuh: Einer stiftete den Kopf, ein anderer den Schwanz usw., bis die ganze Kuh zusammen war. Als wir nach Coolham zogen, besaßen wir 15 Milchkühe, einen Bullen, 14 Kälbchen, 15 Schweine und 300 Stück Geflügel! Und heute verkaufen wir Milch an die *Express Dairy Ltd.* und versorgen daneben die Mitarbeiter und Gäste mit Milch, Butter und Sahne.

Es war tatsächlich eine weittragende Entscheidung gewesen, als wir 1945 vor der Wahl standen, die Farm selbst zu übernehmen oder sie zu verpachten. Wir verstanden weder etwas von Landwirtschaft, noch hatten wir das nötige Kapital. Aber wir waren voll guten Mutes, hatten keine Angst vor harter Arbeit und waren bereit, den Versuch zu wagen. Wir beteten und warteten. Als eine Gabe in Form eines Schecks über 250 Pfund in unsere Hände kam, war sie in unseren Augen Antwort und Zeichen zum Beginn.

Von Landwirtschaft verstanden wir ja nichts, doch Gott half uns in jeder Beziehung. … Und dann gab es die mannigfachen Helfer, die längere oder kürzere Zeit mit uns lebten und beim Bewirtschaften der Farm mit Hand anlegten! Ihnen allen schulden wir Dank, den Studenten von Universitäten und landwirtschaftlichen Hochschulen, den Missionaren im Heimat-Urlaub, den Ärzten, Schwestern und Lehrern sowie den Menschen der Wirtschaft, den Kriegsgefangenen und den Leuten aus Südafrika. Ja, selbst die Mitglieder der CMS-Leitung halfen während der Teilnahme an ihrer

Konferenz zwischendurch beim Fällen der Bäume, beim Holzspalten und beim Einbringen der Ernte.

Was kann uns doch diese Arbeit lehren! Die Farm wurde ein Übungsplatz christlichen Lebens und dienender Gemeinschaft. Im Nachsinnen gewinnt das Erlebte symbolhafte Gestalt: Grundlinien für den Stand des Christen in der Welt und das Geheimnis sowie der Sinn wahren Gehorsams leuchten auf: Den Acker zu bearbeiten, heißt, Gottes lebendige Gabe aus seinen Händen zu nehmen und sie an Menschen weiterzureichen. Dies geschieht in dem Wissen, dass der Anfang unseres Tuns, so klein und bedeutungslos er uns erscheint, von Treue und Sorgfalt geprägt sein muss, damit wir am Ende nicht leer und fruchtlos sind.

Und wieder gilt: Nur wenn das Werk durch alle Phasen hindurch bis zum Schluss getan wird, wächst uns die Ernte zu. Es bleibt kein Raum für Sentimentalität oder für Theoretisieren als Selbstzweck und für leere Wunschträume. Erst Anfang und Ende runden sich zum Ganzen. Wir aber (mögen wir stehen, wo wir wollen), sollten wir nicht alle Gottes Ackerleute sein, die das von ihm Geschenkte empfangen, in Treue verwalten und für den Bruder und die Schwester Kanäle der Liebe Gottes sind? Müsste auf einem solchen Weg Gemeinde nicht lebendig werden und bleiben, in wachstümlicher Bewegung zugleich empfangend und gebend?

Wie Denken und Handeln, Anfang und Ende sich dem Landwirt zum Ganzen fügen, so gehört zum Sein des Christen Treue am Anfang und Treue bis zum Ende. Hier liegt eine Erklärung, warum so manches Christenleben recht hoffnungsvoll begann und dann plötzlich Wachstumsschwierigkeiten bekommt und langsam verkümmert.

Ein Zweites tritt hinzu: der Gehorsam einem objektiven Anspruch gegenüber. Ohne einen solchen Gehorsam würde das Land zur Herbstzeit kahl und arm daliegen. Es ist Spiegel und Sinnbild für unser Leben in seiner Beziehung zu Gott.

Gehorsam und Forderung – man kann diese Gegebenheiten nicht einfach aus den Bereichen des Lebens hinausfegen. Wir müssen sie sehen als zwei Seiten derselben Sache, als die beiderseitige Hilfe für das, was sich zu einem Ganzen fügen soll. …

Bei jedem Plan, in jeder Situation, die einem Ganzen dienen möchte, kommt der Augenblick, den wir ›Gehorsam‹ nennen. Er führt stets aus dem vergangenen Geschehen in das, was künftig werden soll. Der Ruf zum Gehorsam ist somit schöpferisches Geschehen und drängt auf die Vollendung dessen, was im Entstehen ist. Hier geschieht durch uns und an uns etwas, das uns dem Zweck und Ziel allen Daseins näherbringt. Wir können aber auch den Gehorsam verweigern, dann wird der Prozess aufgehalten, sodass nichts geschieht.

Rings um den Hof her breiten sich wogende Felder, zur Ernte bereit. *Ein* Schnitter allein reicht nicht aus, die Ernte einzubringen. Wir müssen gemeinsam anpacken – wie überall in unserem Gemeinwesen mit seinen vielfältigen Arbeitsbereichen. Spricht nicht derjenige, der den Anspruch erhebt, Herr unseres Lebens zu sein: ›Der Acker … ist die Welt‹? Und will er nicht, dass unser Christsein sich auf diesem Acker vollzieht? Nicht nur einer soll pflügen, säen, ernten. Vielmehr sollen sich die Glieder der Gemeinde Jesu im gemeinsamen Handeln vereinen.

Mit so verschiedenartigen Menschen zusammen das Land zu bebauen, bringt all die üblichen Schwierigkeiten des gemeinsamen Lebens ans Licht. Und wieder wird uns die eigene Alltagsarbeit zum Gleichnis: Es muss einer dem anderen zur Hand gehen. Wenn wir untereinander uneins sind und starr an persönlichen Ideen und ihrer Durchführung festhalten, so leiden alle und alles. Man kann wohl eine Zeit lang den Schwierigkeiten der Gemeinschaft ausweichen und deren Not und Unannehmlichkeiten entschlüpfen. Früher oder später jedoch wird dein Versäumnis dich stellen; irgendein kleines Anliegen kommt auf dich zu und fordert dich, und es kommt zum verhängnisvollen Stillstand – statt dass schöpferischer Aufbau geschieht, weil ihr beide euch in eurem Sinn entgegensteht.

Auch vom tiefen Geheimnis allen Wachstums kündet die Farm eindrücklich, unüberhörbar. Gott allein wirkt das Wachstum. Treue und Sorgfalt – ja, sie gehören dazu. Und doch – Leben schaffen kannst du damit nicht. Das gibt uns eine Lektion für unser geistliches Leben. Du musst tun, was du vermagst, aber auch da kommst du an eine Stelle, wo mit all deinem Tun nichts geschehen kann ohne das Wunder gottgewirkten Wachstums. Wir werden im kommenden Jahr keine schimmernden Felder goldenen Korns haben, wenn wir nicht pflügen, säen und jäten – so umfassend, wie wir es mit unserem ganzen Willen und mit aller Kraftanstrengung erkennen und vermögen. Das neue Leben aber wirkt Gott allein durch Jesus Christus.

Umgekehrt jedoch können wir die ›unmögliche Person‹ und die schwere Situation nicht furchtsam oder träge Gott zuschieben, ohne uns zu mühen, soweit wir es nur vermögen. Intelligenz, Können und Erfahrung sollen der Erbauung des Leibes Christi in seiner Gesamtheit zugutekommen. Demütig wollen wir die Erfahrung derer annehmen, die größere Einsicht haben als wir. Dies ist eine schwere Lektion, die wir ständig lernen müssen. Die Passiven unter uns stehen nämlich in der Gefahr, darauf zu hoffen, dass Gott es ohne allzu große Anstrengung unsererseits schon tun werde. Die Aktiven dagegen möchten alles allein vollbringen und glauben, ein Höchstmaß an Anstrengung verschaffe ihnen den Sieg. Das Wunschdenken und der eigenwillige Ausdruck unserer jeweiligen Gedanken, die wir so leicht für geistliche Wahrheit halten, gehören auf den geistlichen Abfallhaufen. Eine Farm stünde schon bald vor dem Ruin, wenn man sie zum Schauplatz sich bekämpfender Meinungen machen würde.

Wenn wir nun so hineinlauschen in die Gesetze und Ordnungen Gottes, denen das Leben und das Wachstum unterworfen sind, und wenn dem Ackerland unser Mühen gilt, dann erfüllt uns nicht nur Freude an Schönheit und Sinn der Schöpfung. Vielmehr freuen wir uns auch darüber, dass wir selbst mitgestalten dürfen und Mitarbeiter Gottes sind. Dazu berufen zu sein, bedeutet Lebens-Erfüllung und darum Freude. Unser Teil im großen Werk alles Geschaffenen ist Gehorsam und Demut. Indem wir uns selbst hingeben und uns willig in Gottes Ordnungen hineinstellen, geschieht das Notwendige, entsteht Leben. Wenn man sich beispielsweise mit schmerzendem Rücken hinunterbeugt und die tausend kleinen Kohlsetzlinge pflanzt, so erfüllt man nach Gottes Willen die Bedingung, unter der er Wachstum schenken kann. Tut man es jedoch achtlos, weil einem dieses mühselige und geringe Tun missfällt und ›weil es ohnehin nicht so darauf ankommt‹, ist man kein Mitarbeiter des Herrn mehr, der alles schuf. Vielmehr handelt man dann destruktiv.

Kein Landmann kann das Ackerland seinen vorübergehenden Neigungen unterwerfen. Er muss sich vielmehr in dessen feste Ordnungen fügen. Es gilt, auch in unserem Christsein durchzudringen zu der tiefen Bedeutung des Gehorsams als zu einer Forderung, die über uns und unsere gefühlsbedingten Wünsche hinausgeht. Vielleicht ist das die Lektion, deren Erlernen für uns Menschen der Gegenwart wichtiger ist als vieles, das in unseren Augen im Vordergrund steht.«

Freundschaft

Echte Freundschaft ist sehr selten zu finden. Florence Allshorn gehörte zu den wenigen, die um ihr Geheimnis wussten. Gewiss, der Kreis innig vertrauter Freunde beschränkte sich auf wenige. Aber ihre starke Liebeskraft kannte keine engen Grenzen, sie lebte mit einer ungewöhnlich großen Zahl von Menschen in fruchtbarer, aufbauender Gemeinschaft. Auch sie galten ihr als Freunde, und bei allen, die durch einen solchen Umgang beglückt und bereichert wurden, hinterließ er einen tiefen und bleibenden Eindruck. Einmütig bezeugen alle, dass die Erfahrung ihrer Freundschaft etwas Einmaliges an Tiefe und Klarheit hatte.

Florence dachte viel über die Frage der Freundschaft nach. In St. Julian's wurde oft darüber diskutiert, und sie selbst schrieb eine Abhandlung zu diesem Thema. Leider musste die Arbeit unvollendet bleiben. Einiges daraus soll jedoch mit anderen Anmerkungen, die uns zur Verfügung gestellt wurden, im Folgenden weitergegeben werden. Wir vernehmen darin den Klang jener kristallklaren, bestimmten Liebe, die gereinigt und genährt wird vom mächtigen Strom der großen Liebe Gottes.

Zunächst einige Sätze aus der Abhandlung: »Wir begannen unser Gemeinwesen von St. Julian's mit der üblichen Idee von Freundschaft und einer gewissen Gemeinsamkeit der Einstellung. Das schien uns in Ordnung zu sein, und jede schloss sich an diejenige an, die ihr am meisten zusagte. Aber wir lernten, dass dies nicht genügte.

Wir wussten sehr wohl, dass die Liebe, die nach den Worten Jesu Christi seiner Liebe gleich sein soll, nicht so beginnt; sie fängt ja nicht bei der romantischen Liebe der Dichter an, sondern beim sehr prosaischen Einsatz für den Nächsten. Es bestand also ein Unterschied zwischen dem, was wir als ›Freundschaft‹ bezeichneten, und dieser alle umschließenden tiefen Güte, die Jesus Christus während seines Erdenlebens verkörperte. Wir machten, so gut wir es konnten, klare Bahn, indem wir zuerst einmal unser Tun in Gottes Licht stellten und uns fragten, was Jesu Liebe nicht war.

Folgendes fanden wir heraus: Sie war nicht in erster Linie eine Liebe der Sinne.

Sie war auch nicht ein menschliches Gefühl, das für den einen Menschen vorhanden war und für den anderen nicht.

Außerdem ging es nicht um jene Anteilnahme, die den anderen seiner Chance zur Größe beraubt und sein Selbstmitleid nährt.

Wer lieben möchte, wie Christus liebt, kann nicht zulassen, dass die Fehler des anderen ungehindert weiterwuchern – noch dass der Geliebte von einem solchen Glanz umstrahlt wird, dass man überhaupt keine Fehler mehr an ihm sieht. Jesu Liebe ist dem Bösen gegenüber intolerant.

Auch ist sie nicht so weich und nachgiebig, dass sie dem geliebten Menschen einfach das gibt, was er meint, haben zu müssen. Sie ›bemuttert‹ nicht so, dass der andere in Unmündigkeit und Abhängigkeit bleibt, denn sie liebt nicht mit jener Liebe, die den Geliebten nur als denjenigen sieht, auf den sich die eigenen Gefühle richten. Keine dieser Haltungen schließt Jesu Worte (›… wie ich euch geliebt habe‹) in sich; sie … müssen umgewandelt werden zu einem selbstlosen Geben empfangenen Reichtums, zu einem Lieben, dem das letzte Wohl des anderen begehrenswerter erscheint als das eigene Bedürfnis zu geben.

Wir waren übereingekommen, dass wir uns von ›speziellen Freundschaften‹ innerhalb unserer Gemeinschaft so lange zurückhalten wollten, bis wir ein wenig von dieser großen, alle einschließenden Liebe Jesu gelernt hätten. Wir wussten, dass die Art der Freundschaft, die um jeden Preis selbst besitzen wollte, nicht der Weg zu dem war, was wir suchten. Wir erkannten ebenso, dass die Welt unserer Gefühle auf Neues hin ausgerichtet sein musste.

Wie sah nun dieser Versuch, den anderen zu lieben, praktisch aus? … Wir lernten, einander lieb zu haben, sobald wir uns einmal wirklich *sahen* – als Geschöpfe und als Kinder Gottes. Jede von uns sollte seinem Bild gleichförmig und zugleich Wohnung seines

Geistes sein. Sind wir in dieser Schau nicht liebenswert? Die Augen unserer Wahrnehmung sind blind, in verhängnisvoller Weise blind. Wir sind gedankenlos und ohne zarte Rücksichtnahme, aber das müsste nicht so sein. Die Anhäufung aller Unbarmherzigkeit in der Welt ist eine offene Wunde.

Was ist die Alternative – einfach weitermachen wie bisher? Genügt das? Wer unter uns hat denn ›ein Herz voll Barmherzigkeit‹, ein Herz, das schlägt im Gleichmaß der Liebe zu Gott und den Menschen? Um zu lernen, muss man sich zunächst klar werden über das, was man nicht weiß und was man noch lernen muss. Wenn also Gott in seinem Wesen Liebe ist, sind wir dazu geschaffen, einander zu lieben. Und weil wir so sehr von Lieblosigkeit geprägt sind, müssen wir von unserem Egoismus erlöst werden. …

Es muss unser Anliegen werden, in der Tiefe unseres Herzens einander zugeneigt zu sein, nicht nur an der sozial-konventionellen Oberfläche. Liebe, die nicht allen gegenüber praktiziert wird, ist es auch nicht wert, einem Einzelnen geschenkt zu werden. Wir werden wohl weiter unsere besonderen Freunde haben, aber nachdem wir es lernten, uns den Mitmenschen um uns her zu öffnen, ist auch unsere engere Freundschaft so viel mehr wert. Bei Gott gibt es keinen Verlust, er schafft nur Neues.«

Florence' Beschäftigung mit der Frage der Freundschaft liegt viele Jahre zurück. In Uganda war die Auseinandersetzung mit diesem Problem, wie wir sahen, der Wendepunkt ihres Lebens. Welche tief greifende Wichtigkeit für das gesamte Leben und das Werk der Gläubigen Florence ihm beimaß, bricht irgendwie in jedem Abschnitt ihres Lebens durch, besonders in der erwähnten Schrift, aus der noch eine Stelle zitiert werden soll:

»Wenn wir die Lage unvoreingenommen sehen«, heißt es da, »und miteinander bestürzt und aufgeschreckt sind, müssten wir zu einem umfassenderen Verständnis durchdringen und von daher neue Wege der Liebe zueinander gehen. Das ganze Problem der Freundschaft darf nicht aus unseren mitmenschlichen Beziehungen herausgelöst werden. In diesem Licht betrachtet, haben die Frauen die Kunst echter Freundschaft untereinander zum großen Teil noch nicht gemeistert. Sie scheinen keine Nötigung dazu zu empfinden; die Tiefe ihrer Gefühle gilt Mann und Kindern, und wo sie weder einen Ehemann an ihrer Seite noch Kinder um sich haben, lernen sie viel zu selten, was sie nun mit ihren Empfindungen anfangen sollen.

In jeder Frau regt sich der Trieb, zu besitzen und für ihren Besitz zu kämpfen; sie hat die durchaus natürlichen besitzergreifenden und mütterlichen Triebe, die nicht einfach wegschmelzen, wenn sie unverheiratet bleibt. Wir müssen sie in uns erkennen … und an ihre Stelle geistliche Regungen treten lassen, die auf einer höheren und selbstloseren Ebene Frucht bringen. Die Werte echter Freundschaft, täglicher Kameradschaft, gemeinsamer Interessen an der Gestaltung einer Arbeit – in ihrer Erfassung und Ausübung liegt weitgehend die Gelegenheit, in unserer Heiligung voranzukommen. Sind wir gezwungen, das mit einem Menschen zu praktizieren, dessen Temperament mit dem unsrigen nicht harmoniert, dann wird, sobald wir uns gemeinsam an die Aufgabe begeben, das Erleben umso größer. Wir sind gezwungen, in tiefere Gründe unseres Seins zu steigen, indem wir die Gelegenheit eines echten Sieges vor uns haben.

Der Fallstrick liegt in den ungeheiligten natürlichen Trieben, die z. B. bewirken, dass ich in dem mir zur Seite gestellten Menschen nur jemanden sehe, ›der mir bei der Arbeit hilft‹ (vielleicht nicht ganz so bewusst), oder: ›Endlich jemand, den ich mit meinen mütterlichen Gefühlen überschütten kann.‹ Dabei entgeht uns die Tatsache, dass eine Liebe, die unter Jesu Herrschaft steht, nie den anderen zur eigenen Befriedigung ausnützt, sondern vielmehr danach trachtet, ihn frei von uns und unserer Selbstbehauptung mit all ihren Ansprüchen seinen Weg gehen zu lassen.«

Was Florence hier über die Anliegen der unverheirateten Frau sagt, hat seine Wurzeln in der klar und tief durchdachten Überzeugung, zu der sie in ihren Gedanken über Ehe oder Ehelosigkeit gekommen war. Nach ihrer Sicht war die Ehe wie alle anderen Gegebenheiten im Leben eine Situation, in die man gestellt wird. »Das Einzige aber, was wesentlich ist«, darauf bestand sie auch hier, »ist, was du aus den Gelegenheiten deines Lebens machst. Ist man verheiratet, so hat man eine Reihe von Freuden, Möglichkeiten und Problemen. Bleibt man ehelos, so hat man diese in anderer Ausprägung. Aber in jedem Fall kann man ein erfülltes und inhaltsreiches Leben führen.«

Florence bestritt energisch, dass die unverheiratete Frau von vornherein zu kurz komme. Sie kannte viele Beispiele unerfüllten Lebens, sowohl bei der verheirateten als auch bei der alleinstehenden Frau. Der Grund hierfür war stets, dass Menschen den Weg bedingungslos schenkender Liebe nicht gehen wollten. Wo aber die Willigkeit dazu vorhanden ist, kann eine Frau in jedem Stand sieghaftes Glück finden.

Florence selbst hatte sich für das Leben der berufstätigen alleinstehenden Frau entschieden. Dabei hatte sie nie das Gefühl, dass ihr deshalb etwas an Lebensmöglichkeiten versagt war. Sie schrieb einmal: »Florence Nightingale, die Frau mit der Lampe, und andere große Frauen waren mein Ideal, als ich 20 Jahre alt war, und noch heute scheint mir das Leben der sich uneingeschränkt einem Ziel hingebenden alleinstehenden Frau begehrenswert. Aber ist es nicht Gnade, dass wir nicht alle gleich empfinden? Andere mögen anders wählen, die Ehe ist eine ebenso wertvolle Wahl und genauso reich in ihren Möglichkeiten.«

In der Diskussion, die ihrer letzten Ansprache folgte, wurde sie gefragt, ob Ehe ein Hindernis für den Dienst im Reich Gottes sei. Sie gab folgende Antwort: »Ich glaube nicht, dass es für die Fruchtbarkeit eines Lebens überhaupt einen Unterschied bedeutet, ob man verheiratet ist oder nicht. Ehe oder Ehelosigkeit ist eine Situation deines Lebens, auch deines Lebens als Christ. Bist du verheiratet, ist dir ein besonderer Aufgabenbereich zugewiesen; bleibst du ehelos, so eröffnen sich dir entsprechend andere Möglichkeiten. Jeder Stand hat seine eigene Erfüllung, wenn er aus Gottes Händen empfangen wird, und jeder Stand muss sein besonderes Zeugnis in dieser Welt weitergeben. ›Keiner von uns lebt sich selbst, und keiner stirbt sich selbst. Denn sei es, dass wir leben, wir leben dem Herrn; sei es, dass wir sterben, wir sterben dem Herrn‹, gilt für beide Lagen. Ich glaube, dass die gesunde christliche Familie in unseren Tagen ein besonders deutliches Zeugnis für diese Welt ist, denn es gibt so viele unglückliche Ehen, so viel Elend und Herzeleid. Als verheiratete Frau hat man die Gelegenheit, den Begriff der Ehe wieder wahrhaft zu füllen und ihn wieder zum Leuchten zu bringen.

Andererseits hat auch die ehelose Frau meiner Ansicht nach eine tiefe und schöne Aufgabe: Sie soll zeigen, dass ihr Leben glücklich und erfüllt sein kann, selbst wenn sie nicht das besitzt, was nach den Worten der Welt unbedingt zum vollen Menschsein gehört.

Ich bin sehr glücklich, weil ich herausfinden durfte, dass es diese Erfüllung trotz Ehelosigkeit gibt. Seit meinem dritten Lebensjahr hatte ich keine Eltern mehr. Nie besaß ich viel Geld, und ich hatte auch keinerlei Hoffnung auf eine Zukunft. Ich versuchte, Künstlerin zu werden, und musste lange vor dem Ziel abbrechen. Und doch bin ich so glücklich, wie es ein Mensch nur sein kann. Mein Leben hat sich ganz erfüllt. So glaube ich nicht, dass Ehe oder Ehelosigkeit ein wesentlicher Faktor fruchtbaren Lebens und Dienstes ist. Aber was ihr als Menschen, deren Leben Gott gehört, daraus macht – das ist es!«

Florence war eine der Gesegneten, deren Liebe ihren Ursprung in Gott hat. Von daher diente sie ganz und lebensbejahend. So war nichts charakteristischer für sie, als das Leben nüchtern in seinen wahren Proportionen zu sehen. Wichtige Dinge standen bei ihr auch in der Praxis des Alltags an erster Stelle. Gott schauen – das war die zentrale Wirklichkeit ihres Lebens. Freundschaft war dementsprechend die Beziehung zweier Menschen, deren Augen gemeinsam auf Gottes Willen und seine Ziele gerichtet sind und deren Herzen unaufhörlich der Liebe offenstehen, womit er alle seine Kinder so gern überschüttet. Das sind oft gehörte christliche Grundwahrheiten, die jeder kennt. Die Intensität, mit der Florence die erkannten Wahrheiten im Leben umsetzte, und der reiche Inhalt, den diese Wahrheiten für sie hatten, waren diejenigen Dinge, die ihrem Leben eine seltene Leuchtkraft verliehen.

Echte Freundschaft besteht also nicht zuerst darin, dass zwei Menschen sich gegenseitig betrachten und einander schätzen, sondern darin, dass der Blick gemeinsam auf ein Ziel ausgerichtet ist, das über sie hinausweist. So wird Freundschaft sogar zwischen Menschen möglich, die natürlicherweise nicht zusammenpassen – ja, die einander unsympathisch sind. »Wenn ihr beide auf Jesus Christus seht«, sagte Florence oft, »ist es unmöglich, dass ihr nicht zusammenkommt.« »Wenn du von den vordergründigen Dingen eines Menschen bis zu den Wurzeln seines Wesens vorstößt, siehst du bestimmt, dass Gott in jedem wirkt und dass wir wirklich nicht verachten oder hassen können, wenn wir uns einem Ort nähern, wo Gott wohnt.« Und wieder: »Ich kann keiner Abneigung gegen Menschen Raum geben, denn ich nehme Jesus Christus zu ernst.« Oder in einem Brief: »Ich lerne so viel von Menschen, die mir nicht liegen. Alles, was ich aus der Liebe Jesu empfangen darf (und sei es auch noch so klein), befähigt mich, mehr zu sehen.«

Freundschaft mit Florence bedeutete, wie eine ihrer jungen Freundinnen entdeckte, den gleichen Weg mit ihr zu gehen – den Weg zu Jesus.

Liebe war für Florence keine Pflicht, sondern eine Leidenschaft. Sie war Sinn und Herrlichkeit des Lebens. »Wir alle«, schreibt sie einmal, »spielen eine Sinfonie für Gott – oder versuchen es wenigstens. Und manchmal möchte ich alles tun und alles darangeben, wenn ich damit jemandem helfen könnte, richtig zu spielen.« Und in einem anderen Brief, in dem sie eine frühere Schülerin bittet, einer ihrer Gefährtinnen im Missionsdienst zu helfen: »Oh, alles lohnt, wenn es nur mithilft, das Glück im Leben eines anderen wiederherzustellen. Höre auf Gottes Signal, wenn du versucht bist, den Weg des geringsten Widerstandes zu beschreiten.«

Schon sehr früh begann sie, den Unterschied und möglichen Konflikt zwischen natürlicher und geistlicher Liebe zu ahnen. Aber obgleich ihr das in steigendem Maße klarer wurde, blieb ihr Lieben eine beglückende Einheit. Sie liebte mit ihrem ganzen Sein immer den ganzen Menschen.

Ihren Freunden wünschte Florence mehr als alles andere die volle Ausgestaltung dessen, was Gott an Möglichkeiten in sie gelegt hatte. Jemand, der wesentlich jünger war als Florence und sie nur in den letzten Jahren ihres Lebens kannte, schreibt: »Ganz stark empfand ich, dass sie in uns die Menschen sah, die wir nach unserer Bestimmung sein sollten. Das klingt so einfach, aber ich glaube, es gehört zu den seltensten und schwierigsten Dingen der Welt. Ich kenne niemanden, der so beharrlich wie sie seine Mitmenschen sah, wie Gott sie gedacht hatte: … frei, großherzig, mitfühlend und liebend. Ein solches Sehen beansprucht alle Fähigkeiten des Geistes und ist eine Sache, die allein den wagenden Herzen möglich ist. Denn Menschen so zu sehen, wie sie sein sollten, schließt ja in sich, dass man sie vielleicht hundertmal am Tag so sieht, wie sie sind. Und gegen diesen Widerspruch führte Florence Allshorn in der Tat einen heiligen Krieg. Sie wusste um den Schmerz, den es die meisten Menschen kostet, frei von sich selbst zu werden, frei von den umstrickenden Banden des Hochmuts oder von den unlauteren Motiven, die hinter unserem ›guten Tun‹ stecken, frei von all den Ausflüchten, hinter denen wir uns so gerne verschanzen. Alle diese Dinge griff sie leidenschaftlich an, und immer war es dabei ihr Ziel, Fesseln zu lösen, um dem Betreffenden in der Gesinnung Jesu begegnen zu können. … Florence sah bei allem durch den Staub und über die Flecken hinweg, die so oft die Form beinahe verwischt hatten, Männer und Frauen in der Gestalt des ursprünglichen Bildes.«

Sie selbst schreibt in einem Brief: »Du musst dein Auge auf jenes verborgene Sein richten. … Dies eben weckt ein solches Verlangen, das kleine, verknotete Stück in einem Leben zu entwirren, denn versäumt man es, kann sehr leicht das Ganze zerstört werden. Wir dürfen mithelfen, jene geheime, tief versteckte Schönheit zum Vorschein zu bringen, statt uns mit jenem aufgesetzten Nettsein und jenem gelegentlichen Gutsein zu begnügen.«

Liebe war in Florence' Augen nur dann echt, wenn sie auf dem Fundament des Erlösungswerkes Jesu beruhte. Allein dadurch konnten Menschen aus der Knechtschaft so vieler unguter Dinge befreit werden. Die Augen dem Bösen gegenüber zu verschließen oder billige Angleichung zu suchen und bei einer äußerlich reibungslos funktionierenden Beziehung zueinander alles beruhigt dem Selbstlauf zu überlassen, war jedoch Schwäche und Feigheit. Es bedeutete, etwas Reiches und Sieghaftes aus dem Leben zu streichen.

Eine »Freundlichkeit an der Oberfläche« konnte bei Florence nicht bestehen bleiben. Wahrheit war die einzig sichere Grundlage der Freundschaft. Die Angst, selbst verletzt zu werden bei dem Versuch, andere in die Freiheit zu führen, war ein Verrat an der Wahrheit. Der Zweck der Gemeinschaft von St. Julian's war, »einander in Wahrheit zu erbauen«. »Leben«, zitierte sie einmal, »ist ständige Entscheidung – es muss so sein. Es handelt sich um die stete Wahl zwischen Mächten, die um uns kämpfen.« Das galt erst recht im Bereich der engeren und weiteren persönlichen Beziehungen.

Florence' Sinn für den ernsten Auftrag der Liebe vertiefte sich im Laufe der Jahre. Solange sie noch junge Frauen ausbildete, schien es ihre große Gabe zu sein, das Beste in ihnen zum Vorschein zu bringen. Sie konnte einer Schülerin schreiben: »Alle meine Gedanken zielen auf dein Glück ab«, und dann erzählen, wie sie an die guten Möglichkeiten glaube, die Gott in ihr Leben hineingelegt habe, und wie viel sie von ihr erwarte. Dieses Vertrauen weckte in vielen die besten Kräfte.

Hatte Florence einmal eine Wahrheit erkannt, strebte sie sofort danach, diese in ihrem Leben umzusetzen. Sie fand aber, dass dies bei anderen nicht immer der Fall war. Es dauerte manchmal lange, bis sie selbst bei den vertrautesten ihrer Freunde diese Tatsache entdeckte, und es kam ihr zum Bewusstsein, dass sie bei ihren früheren hilfreichen Bemühungen das Übel wohl nicht immer an der Wurzel angepackt hatte. Ihre eigene Empfindlichkeit für alles Böse wuchs ständig, weil sie sah, welchen Schaden es in einem Leben verursachen konnte; ja, vielleicht wurden, deckte man Sünde einfach stillschweigend zu, Menschen vom Eingang ins Reich Gottes abgehalten. Aus dieser Sorge heraus konnte Florence dann statt der anregenden und helfenden Dinge, die sie sagen wollte, harte Worte reden.

Sie erkannte wohl den Preis echter Freundschaft und schrieb einmal einem vertrauten Menschen: »Es hat einmal jemand gesagt: ›Wenn du ganz unvoreingenommen und ehrlich bist, wirst du erkennen, dass dein Innenleben kaum besser als eine raue Wildnis ist, vernachlässigt und hart, vertrocknet oder überwuchert von dem dornigen Gestrüpp und dem giftigen Unkraut böser Vorstellungen. Man muss zuerst einmal energisch und rücksichtslos Feuer anlegen, das Gestrüpp niederbrennen und in richtige Aschenhaufen verwandeln. Dann erst kann man pflügen und säen.‹ Ich versuchte, das für dich zu unternehmen, denn du wolltest es nicht selbst tun. Deshalb musst du glauben, dass alle die scharfen Worte, die ich dir sagte, nur der Harke gleichen, mit der ich versuchte, mit all den Dornen fertigzuwerden – für dich.

Ich war schonungslos um deinetwillen, und alles, womit ich dich ›zurechtrüttelte‹, war ein Versuch, dich zu Höherem zu bringen. … So mache dich daran, sei rücksichtslos gegen dich selbst, anstatt dich Depressionen hinzugeben – und sei dankbar, dass jemand für dich voll Eifer ist.«

Oder: »Du kommst so langsam voran, weil deine erste Reaktion immer Selbstrechtfertigung ist. Das macht mich immer ärgerlich. Hier gehen wir auseinander, und ich verliere die Geduld mit dir. Wenn du deine Rechtfertigungen nicht wie Gift hasst, wirst du immer irgendwo hineingeraten und langsam abgetrieben werden. Aber es gibt eine Wahrheit, der man sich stellen muss, und diese darf nicht so lange abgewandelt werden, bis sie so ist, wie du sie gerne haben möchtest.«

Florence war jedoch sehr schnell bereit, ihre Haltung zu ändern, sobald sie in demjenigen, dem sie so energisch begegnete, die leiseste Regung der Gnade und Demut spürte. Wer mit ihr lebte, war nie sicher, was ihre durchdringenden Augen entdecken würden. Eine ihrer Vertrautesten bekennt, dass sie nie ganz frei von einer gewissen Scheu vor Florence war – einer Scheu, die jedoch nicht im Geringsten ihre intensive Liebe zu Florence schwächte.

Mancher denkt vielleicht, das Leben in einer geordneten Gemeinschaft sei verhältnismäßig einfach im Vergleich zu manchen anderen Aufgaben. Die Atmosphäre, welche die Gäste in St. Julian's umfing, war von einer fröhlichen Güte geprägt und ließ Menschen zur Ruhe kommen. Doch was die Besucher so wohltuend empfanden, war keine natürliche Harmonie, sondern eine Frucht schwerer innerer Kämpfe. Florence stand bewusst in dieser Arbeit; sie hatte das lebhafte Empfinden, dass die verworrenen Verhältnisse in den Beziehungen von Mensch zu Mensch das Übel waren, das auch viele ehrlich bemühte Christen von der Freiheit zurückhielt, zu der sie bestimmt waren. Deshalb meinte sie, einen neuen, mehr direkten Angriff wagen zu müssen.

In einem von Florence' Rundbriefen, den sie fünf Jahre nach der Gründung von St. Julian's schrieb, steht ein enthüllender Satz. »Der Teufel«, heißt es da, »versucht gewiss ebenso eifrig, bei uns hier einzudringen und Zerstörung anzurichten wie überall, wo ich sonst war. Nur wird hier ein bewusster Kampf gegen ihn geführt, und wir lernten viel seit unserem Anfang hier. Es war schon der schwerste Abschnitt meines Lebens, und doch war es wunderschön.«

»Der schwerste Abschnitt meines Lebens« bedeutet viel aus Florence' Mund, und die Beifügung »doch … wunderschön« ist charakteristisch. Das Wagnis von St. Julian's war für sie die große Gelegenheit zu tieferer Echtheit; und das ist vielleicht die schwierigste aller Aufgaben.

»Hier«, sagte sie einmal in einer Ansprache, »kommt man in eine Gemeinschaft von Menschen, die darauf aus sind, das Geheimnis eines wahrhaftigen und konsequent geführten Lebens herauszufinden. Das geht nicht ohne die richtige Beziehung zum Geist Gottes, der alles durchleuchtet. Zuerst mag das als ein leichter und freundlicher Weg erscheinen, aber hat man ihn einmal mit ganzer Ehrlichkeit betreten, so wird er zur aufrüttelndsten Anfrage an unsere oft so flachen und halbherzigen Versuche, als Christ zu leben, während der Bezug zur Wirklichkeit fehlt.«

Die engen Beziehungen einer ständigen Gemeinschaft zeigten, wie tief gewurzelt und hartnäckig das Böse ist. Der Kampf dagegen erforderte große Intensität, und Florence wich nicht aus. Sie warf sich in die Bresche und stand – wenn nötig – Tag um Tag den anderen zur Seite, weil sie keinen geringeren Maßstab anerkennen wollte, als so zu lieben, wie Christus geliebt hatte. Was dieser Kampf mit all den bösen Mächten, die in ehrlicher Gemeinschaft offenbar werden, sie kostete, lässt sich kaum ermessen. Jene, die mit ihr in der Gemeinschaft von St. Julian's standen, bestätigen das einmütig.

Niemand, der Florence näher kannte, zweifelte daran, dass auch Ernst und Strenge, die gelegentlich bei ihr aufbrachen, der Ausdruck einer intensiven Liebe waren. Derselbe Brief, der von einer gewissen Furcht vor ihr spricht, versichert, dass »ihr Mittragen und ihre liebende Teilnahme ganz unbeschreiblich waren«. Ihr Ernst war die Bestätigung und nicht der Verrat der Liebe. Das wird aus zwei Dingen deutlich: Ihre ganze Strenge wandte sie zuerst unbarmherzig gegen sich selbst; ihr Angriff gegen Sünde im Leben des anderen entsprang einem Zustand, in dem sie immer mehr vom eigenen Wesen loskam.

»Liebe wie die ihre«, schreibt jemand, der ihr sehr nahestand, »ist sehr, sehr selten.« Sie wollte nie irgendetwas von irgendjemandem für sich selbst. Sie wünschte nur, dass der andere bei Jesus wäre und ihn besser kennenlernte. Durfte sie dabei helfen, war sie bereit, alles einzusetzen. Ihre Demut, die wie ein tiefer Begleitton bei allem mitschwang, offenbart ein Abschnitt aus folgendem Brief:

»Ich glaube, der einzige Unterschied zwischen mir und euch Jüngeren ist dies: Ich werde mir rascher als ihr bewusst, wenn ich pharisäisch gesinnt bin. Man muss darin so ganz wachsam sein. Je mehr uns die Gnade geschenkt ist, Sehende zu sein, desto größer ist die Gefahr in uns, Pharisäer zu sein. Als Sünder sind wir einander alle gleich, dessen bin ich gewiss. Und wenn es euch passiert, dass ihr nach einem Gespräch mit irgendjemandem weggeht in dem Gefühl, dass ihr mehr recht habt als der Betreffende, dann passt auf! Wenn ich einem Menschen etwas sagen muss, was unangenehm für ihn ist, gehe ich mit einem demütigen Staunen von ihm, dass er mich nicht hinauswarf – mich, der ich den Balken im Auge habe und versuche, den Splitter herauszuziehen. Und doch ist es von solcher Dringlichkeit, einander auf unsere Fehler aufmerksam zu machen – und so lebensgefährlich! Es wird zur größten Sünde, wenn man nicht direkt zu Gott geht, um die eigene Sünde unter seine Vergebung zu bringen, bevor man als Begnadeter mit tiefer Dankbarkeit und großer Achtung dem anderen gegenübersteht.«

In einem anderen Brief schreibt sie: »Du musst lernen, wie die Wahrheit zu sagen ist. Wenn du einen Menschen damit nur niedergedrückt hast, dann hast du es getan, ohne dich von der Liebe Jesu drängen und seine Geduld erkennen zu lassen. So wirst du niemanden aus dem Staub emporheben. Es ist eine große, aber schwere Aufgabe. Und denke daran, es steckt unheimlich viel von der Gesinnung des Pharisäers in uns allen. Darüber müsste uns die Verzweiflung packen, die uns ganz auf Gott und seine Vergebung wirft und uns immer wieder unser äußerstes Unvermögen aufdeckt.«

Und bei einer anderen Gelegenheit: »Ich merke, dass du immer mehr vom eigenen Wesen loskommst. Alle die Verkehrtheiten, die wir so krampfhaft festhalten, sind zugleich immer töricht. Wenn ich dagegen so radikal zu Felde ziehe, geschieht es deshalb, weil ich wirklich spüre, dass unsere Gefühle unwichtig sind. So ist es tatsächlich – und ich möchte die Wahrheit zum Maßstab haben. …

Gefühle bedeuten so wenig. Wenn ich zu scharf werde, ist es aus diesem Grund. All der Reichtum … und die Möglichkeiten, die in dich hineingelegt worden sind, müssen freigesetzt werden, sodass sie ungehindert verwirklicht werden können. Und wir haben beide dasselbe Erleben. In diesen Tagen liege ich im Staub. Und doch – ich kann es dir nicht erklären, tief im Innern quillt die Freude, denn mein Auge ruht auf Jesus, und ich weiß, er lebt in mir. Das ist es, was wesentlich ist.«

Die Selbstdisziplin, der sich Florence auch um der Gemeinschaft willen unterwarf, geht aus folgendem Briefauszug hervor. Er stammt aus jener Zeit, als sie angehende Missionarinnen unterrichtete: »… Im Grunde unseres Seins findet sich bei uns allen ein unheimlicher Morast, und es ist sicherer und glücklicher, mit dem besseren Teil unseres Wesens zu leben und die Augen dem

Schlimmsten gegenüber zu verschließen. Aber damit erreicht man nichts. Man muss die Wurzelschäden des Versagens erkennen; dazu ist man außerstande, wenn man im sicheren Nest … bleibt. Man muss hinuntersteigen – nicht nur in die grimmigste Finsternis anderer, sondern auch seiner selbst. Noch ahne ich das erst. Wenn ich schlammbedeckte Wurzeln in anderen aufwühle, muss die üble Ausdünstung auch in mir selbst den morastigen Grund in Bewegung bringen. Wenn wir jedoch bei solchem Tun miteinander zu Jesus gehen und uns von allem – von Eifersucht, Groll, Empfindlichkeiten, Stolz – reinigen lassen, dann hätte sich alle Mühe hundertfach gelohnt.«

Weil Florence zu den wenigen gehörte, die so sehr von sich selbst loskamen, konnte sie so forschend auf das Böse im Leben anderer eingehen. Die jungen Menschen (und später in St. Julian's auch die älteren), die durch sie angeregt wurden, verstanden wohl meist ihre Absicht, wenn auch in unterschiedlichem Maße. Bei Weitem nicht jeder setzte das Erkannte im Leben um, und nur wenige haben die Schmerzen durchlebt, die es kostet, wenn die Wahrheit alle Fasern unseres Seins durchdringen soll.

So bestand die Gefahr, Florence Allshorns Methoden äußerlich nachzuahmen, ehe die Wirklichkeit ihrer Erfahrung im eigenen Leben erprobt war. Und es war nicht zu vermeiden, dass eifrige »Schülerinnen« ihre Sprache und bis zu einem gewissen Grad ihre Ideen aufnahmen und wiederholten, ohne in deren Substanz eingedrungen zu sein. Jungen Missionarinnen fehlten dann gelegentlich die Weisheit und der Takt, den die Lage erforderte. So zitierten sie etwa in Übersee St. Julian's als »endgültige geistliche Autorität«: Ja, es konnte vorkommen, dass sie sogar ihr eigenes unerfahrenes Handeln damit rechtfertigten. Das führte gelegentlich zu Missverständnissen in den Augen derer, die St. Julian's nicht kannten, nicht eben zum Vorteil dieser Gemeinschaft!

Unerbittlich war Florence, wo es um Sünde ging, aber sie konnte klar unterscheiden zwischen geistlichem Versagen und den Fehlern, die aus Temperament und Veranlagung kamen. Sie schreibt z. B. einmal: »M. hat ein Recht, das zu sein, was du als langsam und langweilig empfindest, wenn das ihre Art ist. … Vieles mag verzerrt sein, aber so ist es nun einmal, und du rennst gegen eine Wand, wenn du bekümmert bist, weil ihr Verhalten deiner eigenen Art so missfällt. Wir stürmen oft blindlings vorwärts, ohne darauf zu achten, ob unsere Gedanken in diesem Augenblick gehört und beachtet werden können oder ob nicht etwas mehr Bedachtsamkeit genauso hilfreich sein kann.

Unsere Selbstbehauptung besteht oft in Gedanken, und wir schelten, weil andere nicht schnell genug sind, sie für oder mit uns auszuführen. Oft jedoch, wenn wir verbissen für unsere Ideen kämpften und uns dabei aufregten, entdeckten wir am Ende, sobald wir uns wieder beruhigten, dass die Langsamen zielstrebig und treu die gleichen Wahrheiten umsetzten. Ich bin sicher, dass jede Ungeduld eines impulsiven, raschen Menschen einen Langsamen zum Rückzug in eine eigensinnige und traurige Schwerfälligkeit bringt. Er *kann* nicht so rasch.«

Und wieder: »Nimm ihre Umständlichkeit doch an! Sage dir selbst: ›Nun, es ist für sie ebenso wichtig, umständlich zu sein, wie für mich etwas anderes wichtig ist.‹ Charakternöte anderer verlieren ihre Macht über dich, wenn du sie annimmst. Versuche zu erfassen, was ich meine. Wir geben uns alle in verschiedener Weise. Warum sollte die Betreffende nicht frei sein zu Umständlichkeiten, wenn sie ihr als der beste Weg zum Ziel erscheinen? Und wieso soll sie genau das tun, was du willst?«

Der zweite Grund, weshalb Florence Allshorn sich mit Schwachheit und Sünde anderer auseinandersetzen konnte und durfte, bestand darin, dass ihr Tun so offensichtlich der Ausdruck intensiver Liebe für den ganzen Menschen war. »Sie kannte uns ziemlich gut und hatte einen scharfen Blick für Abgründe unserer Verlorenheit«, schreibt eine ihrer besten Freundinnen. »Dennoch liebte sie uns unermüdlich.«

»Wenn ich nicht lockerlasse«, schreibt sie einer Angehörigen des Gemeinwesens, »so versuche zu glauben, dass es deshalb ist, weil ich sehe, was du sein könntest. Ich lege meinen Arm um deine Schulter, selbst wenn ich jenes Unrecht in dir bekämpfe.«

Eine andere erinnert sich, dass sie einmal Florence' Rat in einer schwierigen Angelegenheit erbat und dass Letztere ohne Zögern zu dem schwereren Weg riet. »Es bleibt dir keine andere Wahl – oder du verleugnest die Wahrheit.« Aber in Florence' Augen waren Tränen, und die andere wusste, dass sie nicht allein war.

Die Kraft ihrer Liebe leuchtet aus folgendem Brief: »Ich wäre willig, mich jahrelang bei Wasser und Brot in einen engen Kerker einschließen zu lassen, bis du frei wärest und dich am hellen … Sonnenlicht erfreutest. Warum nur können wir so oft nichts füreinander tun? Alles, was ich vermag, ist, biblische Wahrheiten weiterzugeben. Aber ach, mich erfüllt ein solch heftiger und unerträglicher Schmerz, wenn ich sehe, wie Menschen das, was so schön ist, verderben: Leben in seiner ursprünglichen Bedeutung. Es lohnt sich, das ganze Feld zwischenmenschlicher Beziehungen in einer Haltung positiver Liebe bei jedem kleinen Tun einzunehmen. Übe, übe, übe dich darin!«

Es war jedoch nicht so, dass Florence in ihren Freunden nur das liebte, was sie an Potenzial im Leben der Betreffenden sah. Vielmehr liebte sie den anderen in seinem ganzen Menschsein – so wie er war. Auch wo sie angriff, war ein Reichtum echter menschlicher Zuneigung der unveränderte Hintergrund. Die Sorgfalt und die Herzlichkeit, womit sie andere überschüttete, waren grenzenlos. Geben war ihr eine Wonne. Wo sie merkte, dass andere etwas nötig hatten, oder wo man ihnen eine besondere Freude bereiten konnte, gab sie mit vollen Händen – Kleidungsstücke, Früchte, Süßigkeiten und beim Einkaufen entdeckte Kleinigkeiten sowie Dinge, die sie selbst angefertigt hatte.

Die Stimmen ihrer Freunde in St. Julian's finden ein lebhaftes Echo in einem Brief aus Ostafrika zum Zeitpunkt ihrer Reise nach Kenia und Uganda zwei Jahre vor ihrem Heimgang: »Welch eine Begeisterung, mit der sie insbesondere Dinge, die man ihr für die Reise mitgegeben hatte, annahm, und welch eine schöne Freude beim Verschenken dieser und anderer Gegenstände! Ostafrika muss mit Kleidungsstücken, Büchern, Taschen, Hüten, Gürteln, die sie uns zusteckte, gleichsam übersät gewesen sein. Dabei sagte sie immer: ›Das wäre gut für dich, ich brauche es jetzt nicht.‹ Sie liebte jeden schönen und gut gearbeiteten Gegenstand, und es war eine solche Freude, sie zu beschenken, dass sie viele derartige ›Besitztümer‹ gehabt haben musste, aber wenige blieben lange bei ihr. Sie reiste mit leichtem Gepäck!«

Einen anderen bezeichnenden Vorgang ruft eine Angehörige der Gemeinschaft in St. Julian's ins Gedächtnis zurück. Florence hatte sie gebeten, zwei kleine Hunde zu betreuen, die nachts gefüttert werden mussten. Als die Betreffende nach getaner Arbeit in ihr Zimmer kam, fand sie ein warmes Feuer im Kamin, eine wundervolle Vase mit bunten Herbstblumen, ein von Florence verfasstes Gedicht und ein Stück Schokolade. Es kam ihr plötzlich zum Bewusstsein, wie unordentlich sie den Kamin verlassen hatte. Außerdem hatte Florence die Asche geleert sowie Holz und Kohle geholt, um das Feuer zu entfachen.

Ihr ganzes Leben lang waren Florence' Briefe voll von Sätzen wie diesen: »Wenn du hierherkommst (d. h. in ihr Häuschen in Mundesley), will ich dein Zimmer so schön wie irgend möglich machen.« »Ich wünschte, ich könnte dir etwas von all der Schönheit hier mitgeben: den Wind, der kosend über die Gräser streicht, oder den Duft von frisch gemähtem Heu und den Geruch der raunenden Schilfrohre im Wasser, die klare, reine Kühle – nicht viel Sonne, aber eine solch große, stille Klarheit. Du liebst das.«

Die natürlichen, menschlichen Anliegen ihrer Freunde sollten über den geistlichen nicht vergessen werden. Darum konnte sie, wo diese Gefahr bestand, auch mal einen Brief wie den folgenden schreiben: »Hast du auch deinen freien Tag, an dem du von der Arbeit ganz loskommst? Ich wünschte, du nähmest dir im heiligen Gehorsam auch einmal Zeit für etwas ganz anderes. Willst du nicht am nächsten Montagabend einmal herauskommen, damit wir zusammen in die Stadt fahren? Du sitzt dort in deine Arbeit verbohrt und versuchst, ›zu gut‹ zu sein. Ich denke, du solltest einmal aus dem

Alltagstrott ausbrechen. Versuch es! Wir könnten dann auch in Ruhe miteinander reden.«

Ein wenig Selbstenthüllung ist auch enthalten in dem Wort, das sie unter einige Verse schrieb, die ihr gefielen: »Was für eine heitere, mutige und reine Weise zu leben! Lasst uns alle Bitterkeit hassen und sie nie und nimmer an irgendeinen Menschen weitergeben!«

Die Schau ihres Lebens

Wie kann man das Wesen von Florence Allshorn auf den Seiten eines Buches einfangen? Und wie ist es möglich, das strahlende und pulsierende Leben, das uns so bekannt war, den sprühenden Geist und die überraschenden Einfälle wiederzugeben? Manchmal ist es ja so, dass man erst, nachdem ein Leben sein irdisches Ende erreichte, rückblickend dessen volle Bedeutung erkennt. Dann erst kann man es als Ganzes sehen.

Leben ist das Wort, das einem zuerst in den Sinn kommt, wenn man an Florence Allshorn denkt. Sie hatte ein unstillbares Verlangen danach. Leben – es war für sie wie eine Flamme, die in vielerlei Farben aufstrahlt; Licht und Schatten mussten *sofort* willkommen geheißen und genutzt werden, da der nächste Augenblick schon wieder eine neue Erfahrung brachte, und keine Gelegenheit würde sich genau so wiederholen.

Und dann die leidenschaftliche Liebe zu Schönheit, Ordnung und allem Geschaffenen. Die Welt war für Florence »durchdrungen von der Größe Gottes«. Sie war seine Schöpfung, und ihre vielgestaltige Offenbarung der Schönheit war ihr ein nie versiegender Quell der Freude. Wo immer diese Frau Hand anlegte, wusste sie sich in die Mitarbeit des lebendigen Schöpfers gestellt. Darum wurde sie nicht müde, in Haus und Garten Schönes zu schaffen. Ihr feines Empfinden kam zum Ausdruck in der Wahl ihrer Kleidung, in der Ausgestaltung eines Zimmers oder in der Anordnung von Blumen in einer winzigen Vase und in ihrer Liebe zu Bildern und Büchern oder feinen Stickereien, aber genauso liebte sie ein gut gebügeltes Tablett-Deckchen, einen sauber geschrubbten Tisch oder einen glänzenden Fußboden. Ein sorgfältig gedeckter Tisch, ein gut geschriebener Brief – alles konnte für sie Schönheit ausstrahlen.

»Wir alle sahen«, schreibt eine Freundin, »wie unermüdlich ihr Bestreben war, ob sie nun noch die eine vollkommene Rose suchte, damit sie den Strauß in der Kapelle komplettieren konnte, oder ob sie ein Bild zurechtrückte, damit das Licht im richtigen Winkel darauf fiel. …« Und eine andere schreibt: »Sie verwandelte die Alltagsarbeit für die meisten unter uns in ein beglückendes Erleben. Es war spannend, mit ihr zusammen Stühle im Wohnzimmer zu arrangieren, Schüsseln in der Küche zu ordnen oder einen neuen Kaninchenstall zu bauen. Jede Einzelheit wurde dabei bedeutungsvoll.«

Florence' Liebe zu Schönheit und Ordnung machte sie intolerant gegen alles, was nachlässig getan wurde. Alles Langweilige, Mittelmäßige, Halbherzige war ihr unausstehlich. Das erschien ihr wie eine Verneinung des guten und vollkommenen Willens Gottes. Deshalb genügte ihr nur der höchste Maßstab. »Wie kannst du nur zum Andachtsraum gehen«, konnte sie fragen, »und den Ausguss in einem solchen Zustand zurücklassen?«

Es war ihr ein Kummer, bei ihrer letzten Reise in Ostafrika Missionsstationen zu sehen, die ganz anders ausgesehen hätten, wenn die dafür Verantwortlichen nur ein wenig von Landschaftsgärtnerei gekannt und ein Auge dafür gehabt hätten, welchen Eindruck das ganze Anwesen auf Außenstehende machte.

Florence Allshorn verspürte in sich ein stetes Drängen, Dinge zu gestalten und ihnen Form zu geben. Und sie hielt das für die besondere Aufgabe der Frauen. Alles, was getan wurde, sollte ein Stück Liebe zum Ausdruck bringen.

Die schöpferische Haltung dem Leben gegenüber bestimmte ihr ganzes Blickfeld; auch die Fehler von gestern sollten nicht das Heute und Morgen trüben, wenn Gott sie vergeben hatte. »Ihr Sinn besteht darin, dass wir daraus lernen. Wesentlich ist, was ihr aus eurer Erfahrung macht«, dabei blieb sie.

Ihre Bejahung alles Geschaffenen machte sie zu einer großen Tierfreundin. Ohne ihre Tiere ist Florence Allshorns Bild unvollständig. Ihr ungestüm herumtollender Hund Peter, die anschmiegsamen Katzen, das Pony Jock und der Esel Markus gehörten sozusagen zur näheren Umgebung. Kleine und hilflose Tiere zogen Florence immer an. Sie schmiegten sich zufrieden in ihre Hände und spürten: Hier waren sie geborgen. Das jämmerliche Blöken eines verlaufenen Lammes ließ ihrem mitleidsvollen Herzen keine Ruhe, bis sie es gefunden und der Mutter zurückgebracht hatte.

Florence besaß eine erstaunliche Vitalität, der sie ihre Bereitschaft verdankte, stets irgendeine besondere Arbeit oder eine solche zu übernehmen, die andere nur ungern taten. Sie bemerkte rasch, wenn eine der Angehörigen der Gemeinschaft von St. Julian's einen besonders ausgefüllten Arbeitstag hatte. Dann kam sie und fragte, ob sie etwa beim Kartoffelschälen helfen könnte oder ob etwas anderes getan werden müsste. Dabei teilte sich ihre sprudelnde Lebendigkeit anderen mit. Ein Wort im Vorübergehen oder gar ein kurzes Gespräch ließ jeden mit neuem Mut weitergehen – bereit, auch seinerseits alle Kraft in schöpferischem Tun einzusetzen.

Florence Allshorns intellektuelle Begabung war nicht außergewöhnlich, aber sie verfügte über eine gute und rasche Aufnahmefähigkeit. Eine begabte Studentin, die von der Universität zum Missions-Seminar kam, war stark beeindruckt von den Vorlesungen, die Florence hielt und die nach ihrer Beurteilung in keiner Weise denen der Hochschule nachstanden. Florence' Lektüre erstreckte sich über weite Gebiete und war umfassend. Die Anschaffung eines Buches gehörte' zu ihren besonderen Freuden. Sie liebte Dichtung und las Romane mit Interesse. Biografien waren ihr stets wertvoll, und Veröffentlichungen auf diesem Gebiet entgingen ihr selten. Sie war hinsichtlich der modernen Gedanken und der modernen Entwicklung auf dem Laufenden. Besonders schätzte sie Bücher, die sie weiterführten. Florence war gut belesen in theologischer Literatur, aber sie zog Bücher über das Leben und die Person Jesu oder des Apostels Paulus den rein dogmatischen Werken vor.

Vor allem jedoch war ihr die Bibel Speise und Trank. Nie meinte sie, genug darin gelesen zu haben. Bis zum Ende ihres Lebens schöpfte sie immer neue Impulse daraus. Schon in Storrington hatte sie die Beziehung des Lebens zum inneren Wachstum eines Menschen hervorgehoben.' »Nur unter Schmerzen wachsen und reifen wir. Ebenso ist es mit Büchern, es muss jedoch wirkliche kräftige Kost sein. Selbst Negatives, wenn es sich als kraftvoll erweist, ist besser als Milch- und Wassersuppen, nur müssen deine Fundamente in Ordnung sein.«

Florence hatte auch ein gutes Organisationstalent. Das zeigte sich unter anderem in dem Geschick, Verantwortung auf verschiedene Schultern zu verteilen. Sie überließ die geschäftlichen Dinge ruhig anderen. Doch wenn schwerwiegende Entscheidungen gefordert wurden, übernahm sie die Initiative mit einem Glauben, einer Energie und einer Klarheit des Urteils wie kein anderer.

Ihre hervorragendste Gabe jedoch war diejenige des begnadeten Künstlers: das Sehen. Die Welt, die so viel Schönheit birgt, muss zunächst einmal gesehen werden, gesehen mit jenem inneren Erfassen, das ehrfürchtig staunend stillsteht vor den großen und kleinen Wundern der Schöpfung. Um bestaunt werden zu können, muss sie so gesehen werden, wie sie in Wirklichkeit ist. »Hört nie auf, um das Geschenk erleuchteten Sehens zu bitten«, mahnte sie ständig ihre Schülerinnen. »Sehen gehört zum Größten in dieser Welt.«

Und dabei beschränkte sie sich keineswegs auf den Bereich des äußerlich Sichtbaren. Dieser Betonung des begnadeten und wachen Sehens lag nämlich ihre Einstellung in der Frage mitmenschlicher Beziehungen zugrunde. »Wenn jemand spricht, musst du den Menschen *sehen* – nicht, was er sagt, sondern vielmehr, was er ist. Das vermagst du nicht, wenn du dich hinter deinen eigenen Anschauungen verschanzt.« »Was mich erschreckt«, schreibt sie einer Kollegin in Gedanken an einen schwierigen Menschen, »ist die Art, in der du das annimmst, was die Leute sagen. Es hat nicht viel Zweck, dies zu tun, wenn man nicht auf das achtet, was hinter den Worten liegt.« Und wieder: »Die Menschen sind so liebenswert, wenn man sie ganz sieht.«

Florence konnte sich auch wie ein Kind freuen und dies entsprechend zum Ausdruck bringen. Ein Glied der Gemeinschaft von St. Julian's schreibt z. B.: »Bis zum Ende konnte ihr ein freier Tag in

London großes Vergnügen bereiten, auch eine gemütliche Stunde in einem netten Café oder ein unerwarteter Anruf von jemandem, der sie im Auto zu irgendeinem Unternehmen mitnehmen wollte. Sie liebte Ferien und Entdeckungsfahrten und fand so vieles ›einfach wonnig‹.«

Florence hatte einen unwiderstehlichen Sinn für Humor. Dafür nur ein Beispiel: »Sie veranstaltete einmal eine Weihnachtsfeier«, schreibt ein Teilnehmer. »Die Gäste – ein Bischof, eine junge Afrikanerin, ein deutscher Kriegsgefangener und viele heimatlose Menschen – waren sich zum großen Teil fremd und saßen einander befangen gegenüber. Wie löste Florence den Bann? Sie bestand darauf, dass alle an einem Spiel teilnahmen: Man ließ die leere Hülle einer Streichholzschachtel durch zwei sich gegenüberstehende Reihen wandern, und zwar von Nase zu Nase. Florence mit ihrer feinen schmalen Nase war gut dran, brach aber in hilfloses Lachen aus bei dem Bemühen, die Schachtelhülle zu der neben ihr stehenden Afrikanerin hinüberzubalancieren, deren Nase offenbar nicht unbedingt für dieses Spiel prädestiniert war. Ich sah nachher die beiden in einer Ecke damit beschäftigt, ihre Nasen zu vergleichen; sie mussten doch herausfinden, warum es so schwierig gewesen war.«

Ein Mensch, dessen Augen und Sinne so offen waren für die Wunder und Vielgestaltigkeit der Welt und der auf die Vielfalt in einer immer lebendigen Gegenwart so warmherzig reagierte, musste zuzeiten selbst seinen Freunden rätselhaft erscheinen. »Sie war ein Mensch der Gegensätze«, schreibt eine Freundin, »praktisch und mit kühnen Ideen, sprühend und streng, quecksilbrig und ernst. Ich sah sie in überschäumender Heiterkeit alle ihre Tischgenossen zu stürmischem Gelächter bringen, und ich sah sie eintreten in die dunklen Kammern einer Menschenseele mit der Gabe des Friedens. Man musste sich bei ihr auf alles gefasst machen. Nur eines war sie nie – langweilig und konventionell.«

»Florence hatte ein herrliches Verständnis für das Paradoxe«, sagt eine ihr nahestehende Freundin, die während der ganzen Zeit in St. Julian's bei ihr war, »sowohl für dessen Auswirkungen im Alltag als auch in glaubensmäßigen Dingen. Ich selbst hatte keinerlei Verständnis für die Dinge, die scheinbar im Widerstreit zueinander standen – für mich lag ganz einfach ein Widerspruch vor. Ich stand Qualen in dem Bemühen aus, sie zu verstehen, wenn sie so unmöglich widerspruchsvoll zu sein schien.«

Und doch war Florence in seltenem Maße ein Mensch, bei dem die verschiedenen Lebensbereiche untrennbar zusammengehörten; Glaube, Denken und Sein standen im Einklang miteinander. Florence' Gedanken, ihr Sehen und Fühlen, selbst ihr körperliches Befinden – alles war dem durchdringenden und umgestaltenden Einfluss ihrer Gemeinschaft mit Gott unterworfen.

Wir haben versucht, in diesem Kapitel zu schildern, worin ihre natürlichen Dispositionen und Begabungen bestanden, aber überall leuchteten dazwischen schon Beweise für die umgestaltende Macht der Gnade auf. Deshalb müssen wir uns nun dem Glauben zuwenden, durch den ihr ganzes Leben bestimmt und geführt war.

Der Anker, der hält

Der Vielgestaltigkeit, mit der Florence auf eine sich immer wandelnde Wirklichkeit einging, lag eine unwandelbare Eindeutigkeit der Richtung zugrunde. Was ihr Leben so fruchtbar machte, war wohl die Tatsache, dass sie es in allen Bereichen nüchtern von Gott her sah.

Die ganze Natur, immer neu Anlass zu jubelnder Freude, war für sie die Offenbarung göttlicher Schönheit. Die Menschen, in denen sie gewaltige Möglichkeiten schlummern sah, waren Gottes Geschöpfe – von ihm dazu bestimmt, ihn zu preisen und dadurch zur Vollendung zu finden. Gott war ihr tatsächlich die höchste Wirklichkeit. Sie erzählte einmal, dass sie in ihren Jugendjahren Erbsen in ihre Schuhe steckte, die ihr helfen sollten, an Gott zu denken. Jemand, der sie erst in den letzten Jahren ihres Lebens kennenlernte, sagt:

»Florence schien ständig Ja zu Gott und deshalb auch Ja zum Leben zu sagen. Denn Florence' Antwort Gott und dem Leben gegenüber war nie das frömmelnde oder halbherzige Ja, das so manche von uns geben – jener halb bewusste Gehorsam, der so oft das Leben farblos macht. Gerade ihre Zustimmung und ihr Gehorsam gaben ihrem Leben Farbe und vollen Klang. Ihre ganze freudige Bejahung befähigte zugleich andere, eine neue Welt zu sehen, durchglüht von Schönheit und Licht.«

»Es gibt nur eine wirkliche Probe für die Echtheit unseres Gebetslebens«, schreibt Florence einer Freundin. »Wollen wir Gott ganz ernsthaft erleben? Wollen wir ihn so erleben, dass wir weiterbeten, auch wenn es fünf, sechs oder zehn Jahre dauern sollte? Wollen wir das mit jener unermüdlichen Bestimmtheit tun, die nicht ablässt, selbst dann nicht, wenn alles erfolglos scheint? Das erste Anliegen des Gebets ist, Gott näherzukommen – wir und unsere Anliegen sollten an zweiter Stelle stehen.

Wir können nicht hinabsteigen zu den tiefen, inneren Quellen unseres Seins, die im Verborgenen liegen. … Der Grund unserer Seele – nicht das oberflächliche Ich, das uns meist prägt – ist der Ort, wo Gott handelt. Ich wünsche dir nicht bessere Verhältnisse; ich möchte aber, dass du darüberstehst – dich ausstreckst. Das ist der Weg.«

Und in einem anderen Brief: »Halte den Blick auf Gott gewandt, nicht auf Menschen. Das ist die Lösung – offen sein für Gott, ihm zugewandt. Ich wünsche, ich könnte dir ein wenig Schönheit schicken. Halte durch, denn das Allerschönste erschließt sich dir, wenn du Gott begegnest.

Ich fürchte, es ist schon so, dass es wenig Tage gibt, an denen wir zu Gott emporschauen und sagen können: ›Es war ein wundervoller Tag mit dir.‹ Meist sind es die Arbeit, die Menschen und unsere entsprechenden Reaktionen, die unsere müden Sinne am Ende des Tages füllen.«

Florence spricht einmal sehr anschaulich davon, die Gegenwart Gottes in der Praxis zu erleben: »Der einzige Weg, auf dem ich etwas erfahren kann, besteht darin, dass ich es tue. Und eines weiß ich von mir ganz sicher, nämlich dass es ein himmelhoher Unterschied ist, ob man sich ganz still Gott hingibt und nichts tut oder ob man seinen Willen behutsam auf ein kurzes Gebetswort richtet, wie etwa: ›O Herr, ich möchte in deiner Gegenwart sein‹, oder: ›Hier bin ich, Herr, und hier bist auch du.‹

Es ist genau so, wie wenn man sich in die Sonne legt und sich ihr aussetzt, damit ihre Strahlen ihr Werk an Leib und Sinnen ausrichten können. So ist die Wirkung, wenn sich deine Seele Gottes umgestaltender Macht ausliefert. Und ich bin überzeugt, so gewiss die Sonne deine Hautfarbe ändert, so gewiss verwandelt die Macht der Gnade dich im Innersten. Gott zu sehen, heißt, von aller Furcht und Schwachheit befreit zu werden.«

»Denke daran«, heißt es in einem Brief, »erfasse es und lass es sich spontan auswirken – Gott ist der Allmächtige in allen Lagen.« Und noch einmal: »Ich würde sagen, dass die Umstände dir nicht schaden können, wenn du wirklich Kontakt mit Gott bekommen hast und seine Kraft dir zuteilgeworden ist. Das geschieht dadurch, dass du in jeder winzigen Minute mit jenem Kontakt rechnest und aufschaust und sagst: ›Ich bin so froh, dass du die ganze Zeit da bist.‹ Habe Glauben an Gott. Glauben heißt, wirklich damit zu rechnen, dass etwas Positives herauskommt, trotz aller Dinge, die geradewegs dagegensprechen. Unglaube, Gleichgültigkeit, Langeweile und Furcht werden dich wie Mückenschwärme überfallen – dann geh deinen Weg im Glauben an die Wahrheit. Ob nun das, was dich bewegt, möglich oder unmöglich aussieht, ist in Wirklichkeit nicht deine Angelegenheit. Du bist daran beteiligt, aber du wirst unterliegen, wenn du den Glauben fahren lässt, dass Gott ebenfalls daran beteiligt ist. *Er* wird die Sache zum Ziel führen, nicht du.«

Auf Gott zu sehen und nicht bei sich und seinen Sünden stehen zu bleiben, betrachtete Florence Allshorn als das Geheimnis geistlichen Wachstums. »Ist das Wort: ›Er führte mich heraus ins Weite, er befreite mich, weil er Gefallen an mir hatte‹ (Ps 18,20), nicht wundervoll? In demselben Maße, wie du deinen Blick auf den Vater gerichtet hältst, überwindest du deine Sünde. Du steigst zu seinen Höhen empor – rascher, als wenn du im Finstern tappst und deine Sünden beschaust. Wirkliche Sünde ist so verzehrend. Wir vermögen nichts zu tun, wenn nicht das Feuer des Geistes Gottes stärker in uns brennt als unsere sündige Leidenschaft, und es muss uns machtvoll durchglühen.«

»Florence«, schreibt eine ihrer Freundinnen, »erklärte Gott nicht nur für größer als alles, was wir erdenken können, sondern handelte auch danach. Sie setzte der Liebe, der Freigebigkeit und dem Verstehen Gottes niemals Grenzen, und infolgedessen gab es auch bei ihr keine enge Begrenzung.« Oder: »Jemand konnte in ihr Zimmer kommen und zuerst stark von ihr selbst beeindruckt sein. Doch wenn man nach dem Gespräch mit ihr den Raum verließ, hatte man sie beinahe vergessen, so sehr war die Nähe Gottes zu spüren gewesen.«

Aus Florence' Sicht bestand das Grundübel darin, dass Gott in den Hintergrund gedrängt worden war und nicht mehr die zentrale

Stellung im Leben der meisten Christen einnahm. »Wir nennen uns ›Christen‹, und bei unserem Kampf geht es darum, dass Gott den ersten Platz in unserem Leben bekommt.« Wer dagegen Gottes Willen verwarf, beschritt aus ihrer Sicht den Weg der Verweltlichung.

Als Florence gegen Ende ihres Lebens nach Afrika fuhr, war das die Sorge, die sich ihr schwer auf die Seele legte. »Ihr seid alle so tüchtig«, konnte sie ausrufen, »wohin immer ich gehe, ist jedermann so früh auf den Beinen, so geschäftig, so dienstbewusst! Aber überall steht Gott so sehr im Hintergrund. Wir halten uns für wichtiger als Gott; die Regierung ist uns wichtiger als Gott, der Schulinspektor ist uns wichtiger als Gott, und unsere Stimmungen halten wir für wichtiger als Gott.« Das Bewusstsein für die stets gegenwärtige Wirklichkeit Gottes, die über allem Wichtigen steht, wiederzuerlangen, schien Florence die vordringlichste Aufgabe unserer Zeit.

»Einige unter uns«, heißt es in einer Ansprache, »müssen wohl bereit sein, die Hingabe an Gott in besonderer Weise zum Ausdruck zu bringen. Es geht um kleine Gruppen ganz hingegebener Menschen, die lebendige Gemeinschaft mit Gott und untereinander haben und die in der Welt leben, ohne von der Welt zu sein. Das Christentum wurde verwässert und ›abgekühlt‹, es wurde überschwemmt mit dem Säkularen; unser Christsein muss wieder von Gottes Geist entzündet und durchströmt werden. Glieder solcher Zellen müssen bereit sein, die zweite Meile zu gehen – gehorsam, mit einem feinen geistlichen Gehör und selbstlos. Vielleicht könnte von hier aus das Zeugnis gegenüber der Welt neu erweckt werden.«

Gott, der Ursprung der Liebe, bedeutete für Florence alles. Seine Liebe war für sie das Höchste und Endgültige im Kosmos. »Liebe«, schreibt sie, »ist der einzige Weg. Sie wäre leichter auszuüben, wäre es nur Liebe. Aber weil es um die Liebe *und* um die Wahrheit geht, ist es so schwierig.«

Liebe und Demut – auch sie sind untrennbar. Sie gehörten für Florence zu den einzigen Dingen, die in der ewigen Welt von Wert waren. Florence wusste ja, dass allein die Glut göttlicher Liebe, die in Jesus Christus Gestalt annahm, im Menschenherzen eine Flamme der Liebe entzünden und am Brennen halten kann. Im Anschauen Jesu hatte sich in ihrem Herzen jene Flamme entzündet. Es war kein abstraktes Ideal der Heiligung, das Florence in ihrem Streben nach Vollkommenheit vor Augen stand. Vielmehr wollte sie immer wieder neu ihrem Herrn begegnen und sich von ihm umgestalten lassen.

»Ich überlege mir, worum es für Missionarinnen – und überhaupt für alle Zeugen Jesu – geht. Ist es nicht das, dass es sie danach verlangt, Jesus in sich Gestalt gewinnen zu lassen und zu fühlen, wie er fühlte, wenn ihn jemand verletzte oder enttäuschte? Christus soll in uns Gestalt gewinnen. … Ich denke, das ist es. Wir sollen so gelassen sein, wie Christus es war, wenn Menschen uns unterkriegen wollen. ›Der Vater ist bei mir‹, sagte er. Das wusste er, und danach lebte er. Wir haben es mit ihm zu tun und nicht mit den Stimmen in unserem Geist, die uns unglücklich machen.«

»Vor allem anderen«, schreibt eine Freundin, »war Jesus lebendige Wirklichkeit für Florence. Sie führte in diesem Zusammenhang gern folgendes Zitat an: ›Ein Menschenherz kann nicht glücklich sein, wenn es nicht etwas besitzt und liebt, was rein ist.‹ Dann konnte sie sehr beredt von der großen Freude zeugen, die uns gehört, wenn wir etwas lieben, was rein ist. Das vollkommene Leben Jesu nahm sie ganz gefangen. Sie hatte seine Wege lieb gewonnen und sprach stets von Jesus als einem, der eine unsagbar große Realität für sie war. Florence sprach so natürlich darüber, und alle, die sie hörten, merkten, dass sie von etwas redete, was sie aus Erfahrung kannte.

›Wenn man jemanden sehr lieb hat‹, pflegte sie zu sagen, ›vergisst man ihn nicht, es ist wie ein stilles, klares Leuchten im Hintergrund unseres gesamten Tuns. So sollten wir Jesus lieben.‹«

Florence blieb dabei, dass das ganze Werk der Erlösung sich auf dem Schauplatz des Lebens auswirken müsse. Menschwerdung, Sterben und Auferstehung Jesu seien Erfahrungen, deren Auswirkungen im Leben seiner Jünger immer wieder sichtbar werden müssten.

»Ich wünsche dir«, heißt es einmal, »dass du in Kampf und Leiden bleibende Siegesfreude erlebst. Alles andere kommt dir kindisch vor, wenn du wirklich Jesus gesehen hast.«

Sie entdeckte immer neue Strahlen seiner Herrlichkeit. »Was du mir vom Wesen Jesu gezeigt hast«, schreibt sie einer Freundin, »beglückt mich so. Ich kann nicht davon loskommen. Er sagt nicht: ›Sei so, und du wirst gut sein‹, sondern: ›Sei so, und du wirst frei und von Freude erfüllt werden, und das ist der einzige Weg zum Glück.‹ Es geht nicht darum, wie andere auf dich wirken, sondern wie du auf andere wirkst. Darauf kommt es an. So hat Gott die Beziehungen zueinander geordnet, und ich törichtes Wesen wollte den Schmerzen meiner Aufgabe hier entrinnen und sehe jetzt, dass mich das nicht glücklich gemacht hätte. Was mich beglückt, ist das Annehmen der Gegebenheiten meines Lebens, und ich war sehr froh in letzter Zeit, denn ich sah den Herrn Jesus Christus.«

Florence' Liebe zu Jesus war der Anker, der in allen Bedrängnissen hielt. Bei ihrem letzten Besuch in Afrika riet sie einer Gruppe von Missionaren, sich auch einmal mit Astronomie zu beschäftigen, um etwas von den Wundern des Kosmos zu erfahren, denn »schon unsere Vorstellung von Gott ist zu klein und armselig«. Eine der Anwesenden meinte darauf, dass diese Unermesslichkeit sie erschrecke und ihren Glauben erschüttere. Florence' Angesicht erhellte sofort ein glückliches Lächeln, als sie antwortete: »Du musst nur lernen, in diese Wunder und Welten zu schauen und zu sagen: ›Ich glaube an Jesus Christus‹, du musst *allem* ins Gesicht sehen und sagen: ›Ich glaube an Jesus Christus.‹«

Nur wenn wir Jesus anschauen, bekommen wir eine Qualität der Liebe, wie er sie haben will.

»Wenn ich überhaupt einen Rat zu geben habe, möchte ich euch bitten, in eurer Bibel Jesus und seinen Umgang mit Menschen genau zu studieren, bis seine Art immer wieder in euren Herzen aufstrahlt, wenn euch Ähnliches begegnet. Zugleich möchte ich euch bitten, um die Liebe Jesu zu beten, und zwar mit größerer Leidenschaft und Beständigkeit, als ihr je in eurem Leben gebetet habt, und dann verweigert euch der Niederlage. Vielleicht könnt ihr nicht mehr tun, aber gebt der Niederlage keinen Raum!«

Was Jesus sehen praktisch bedeutet, mag in zwei Illustrationen sichtbar werden.

»Es sind stets die Menschen, die ausschließlich auf das Religiöse bedacht sind und die so viel verderben. Verstehst du nicht, dass es so ist, weil sie nicht *sahen*? Missionarin oder Lehrerin in Afrika zu sein, kann die Versuchung bedeuten, *eine Rolle zu spielen*! Mancher erliegt der Gefahr; daran wird immer offenbar, dass die Betreffenden nicht wirklich Christus gehörten. Vielleicht sind sie landläufig fromm, aber sie sind nicht Jesu Eigentum, sie *sahen* ihn noch nicht. Deshalb haben sie die Errettung genauso nötig wie die Heiden.«

Und einer früheren Schülerin, die in Afrika in der Arbeit stand, schreibt sie: »Sieh doch, wenn Jesus A. begegnet wäre – A. mit ihrem lauernden Blick –, dann wäre sein Herz voll Mitleid gewesen, weil das Kind (um das es in dieser Situation ging) für einige Zeit von Dämonen besessen war. Jesus hätte es befreit, und A. wäre anbetend zu den Füßen des Retters niedergefallen – weil sie selbst Heilung erfahren hätte. Wir sind so machtlos und vermögen nicht, jene befreienden Handlanger Jesu zu sein, denn unsere Ich-Gefühle versperren so oft den Weg. Wir sehen Gott nicht, denn wir sehen die Menschen so bedrückend im Vordergrund und lassen uns dadurch den Blick verdunkeln, sodass wir auf Abwege geraten. Jene falsche Schau beeinträchtigt unser übriges Sehen. Aber eines Tages wirst du nur noch mit einem grenzenlosen Erbarmen in deinem Herzen vor A. stehen, und dann – obgleich du es vielleicht nicht siehst – wird etwas an A. geschehen. Ich glaube das für jeden, dem du dort begegnest.«

Florence wusste aus eigener Erfahrung, wie ein solches von Gott geschenktes Mitleiden wirken kann. Ihre Mitarbeiterin in Uganda hatte einst eine ihrer schlimmsten Launen und hatte Florence bittere, verletzende Worte an den Kopf geworfen. Florence blieb still. »O Gott«, betete sie im Herzen, »hilf mir, mitzuleiden und zu lieben.« Sie rief sich nur noch Gottes tiefes Erbarmen vor Augen, bis plötzlich die ärgerlichen Worte aufhörten und die ältere Frau sagte: »Du wirst nie ermessen können, welche Hilfe du mir erwiesen hast«, und still in ihr Zimmer ging.

Weil Liebe für Florence Freude und Krönung des Lebens war, bricht in allen ihren Briefen kaum ein Ton so stark hervor wie der intensive Wunsch nach Befreiung von dem Leben, das nur auf das eigene Wohl bedacht ist. Sie wünschte nichts sehnlicher, als dieses Sich-wichtig-Nehmen zu überwinden – diesen Egoismus, der unsere Schritte einengt und hemmt und uns davon abhält, dem göttlichen Leben in uns Raum zu geben. Sie wusste wohl, dass die Befreiung vom Egoismus immer ein schwerer, schmerzhafter Prozess ist – aber er ist unerlässlich, wenn wir über unseren eigenen Horizont hinaussehen und Gottes Ziele erreichen wollen.

»Es lohnt nicht, sich immer ums eigene Ich und die verletzten Gefühle zu drehen. Es ist so töricht, die Angriffe eines Menschen, der im Gefängnis sitzt und um sich schlägt, persönlich zu nehmen. Wer von sich frei wird, der wird frei, um andere zu lieben. Doch unser törichtes Ich möchte, wenn wir ganz ehrlich sind, viel lieber gesichert innerhalb der engen Wände seiner Veranlagung bleiben. Darum verharren wir so zäh in unserer Selbstverteidigung, obgleich wir sagen, dass wir frei sein möchten.«

Sich dem Eigenleben hinzugeben, ist aber auch Untreue: »Wo immer wir sind, gibt es Verkehrtheiten, oft kaum bemerkt, aber sie sind da, und wir sollten die erlösende Liebe Jesu in diesen Zuständen in Anspruch nehmen. Doch wenn wir den Weg der Erlösung betreten und plötzlich zurückbleiben, weil dieser Weg für unseren Stolz, unsere Nerven, unser Gefühlsleben oder unsere Bequemlichkeit Schmerz und Verzicht mit sich bringt, dann sind wir ganz und gar untreu. Die ganze Welt krankt am Egoismus. Warum muss das so sein? Weshalb wollen wir Menschen das nicht sehen?«

Nur Menschen, die sich von dem verkehrten Egoismus lösen lassen, können anderen helfen und sie aus der Dürre der Eigensucht in ein fruchtbares Land herausführen.

»Vielen Christen«, schreibt sie in einem Artikel, »wurde der Ausgangspunkt der Nachfolge gezeigt, nämlich die Vergebung der Sünde. Die nächste Wegstrecke jedoch, Errettung aus der Herrschaft der Ichsucht, blieb ihnen verborgen. Hier kommen sie vom

Weg ab und beginnen, durch Ödland zu wandern. Wir müssen etwas von der Errettung aus unserer Selbstgefälligkeit und unseren Eigenarten erfahren haben; ich meine jene Errettung, die das Ich Gott ausliefert. Es ist eine lange und mit Einsatz verbundene Sache, das zu lernen. Wir selbst müssen immer neu bereit sein zu lernen – ein Lernen, das uns frei machen will von jedem Hauch der Selbstzufriedenheit, mit der wir uns in Sicherheit wiegen. Dadurch, dass wir so viel Erkenntnis haben oder in einer christlichen Arbeit stehen, können wir niemanden aus der Unfruchtbarkeit herausführen. So viele weigern sich, das eigene Ich in einer tiefen und schmerzhaften Weise zu sehen. Das ist der Grund, weshalb wir verhältnismäßig wenig geistliche Führer haben.«

»Ich weiß nicht sicher«, schrieb sie in einem Brief, »ob wir noch auf etwas Besonderes warten sollen. Ich glaube, wenn unsere Augen geöffnet wären, merkten wir, dass es schon begonnen hat. Gottes Geist *ist* da, in einzelnen Menschen, in kleineren oder größeren Gruppen. Wenn wir nun gehorsam sind, wird er weitere Kreise erfassen und in größerem Maße wirken. Aber wir sind ja nicht willig, unseren Geist von allem Unrat reinigen zu lassen.«

Florence wusste, dass Gott ihr selbst als Antwort auf ihr ernstes Suchen und Bitten eine tief greifende Befreiung geschenkt hatte. »Ich weiß nicht genau, wie ich dieses Mit-mir-selbst-beschäftigt-Sein verlor; ich ließ mich einfach los in Jesu Hände und liebte Gott und die Menschen.«

Hier stehen wir wieder vor dem Paradoxon – dem scheinbaren Widerspruch geistlichen Lebens. Florence' stete Betonung lag auf der Selbstverleugnung. Ihr ging es hauptsächlich darum, von jenem Zustand erlöst zu sein, in dem sie sich selbst verhaftet war. Gleichzeitig konnte sie mit ihrem ganzen Sein erklären: »Ist es nicht wundervoll zu leben?« Wir sahen, wie alle Schönheit in Gottes Schöpfung sie begeisterte. Nachdem sie sich grundsätzlich von der eigensüchtigen Liebe zur Welt losgesagt hatte, erlebte sie die Wahrheit des Pauluswortes: »Alles ist euer.« Im Verlieren des Lebens hatte sie es gefunden. Wiedergeboren zu einem Leben in rückhaltloser Liebe gegenüber Gott und den Menschen, mündete ihre Freude über die Welt, die Gott geschaffen hat, in fortwährende Anbetung. Das bewusste Wahrnehmen der Schönheit gehörte für Florence mit zu dem überfließenden Leben (vgl. Joh 10,10), das Jesus seinen Jüngern verheißen hat.

Sie war tief davon überzeugt, dass alle echte Schönheit ihren Ursprung in Gott hat. Deshalb wollte sie auch das Heim, das eine Gemeinschaft von Gotteskindern beherbergen sollte, so schön wie möglich gestalten. Damit wollte Florence dazu beitragen, den Vater zu verherrlichen, auch darin sollte sich etwas von seinem Wesen widerspiegeln. Für dies alles fand sie ein Vorbild in jener Frau, die eine Alabasterflasche mit kostbarer Narde über Jesu Füße goss, sodass das Haus vom Wohlgeruch des Salböls erfüllt wurde – eine Geschichte, die sie sehr liebte.

St. Julian's war ausgesprochen geschmackvoll eingerichtet. Völlige Hingabe an Gott schloss nach dem eben Gesagten auch das Gebiet des Schönen ein, das wir so oft von Gott lösen. Florence versuchte, es unter die Herrschaft Jesu zu bringen. Sie kannte für sich weder ein Gelübde der Armut, noch lebte sie in der Einöde. Doch sie blieb nach ihren eigenen Worten nicht auf halbem Wege stehen. Eine solche Konsequenz ist das Wesen eines hingegebenen Lebens. Sie suchte geistliche Demut und Selbstverleugnung von ganzem Herzen.

Florence' Einstellung offenbart sich – unbeabsichtigt, wie es bei ihr meist der Fall ist – in folgendem Brief: »Was den Besitz betrifft, so verhält es sich hier wohl so wie mit allem Übrigen. Man muss bereit sein, den ganzen Weg zu gehen, wenn man etwas tun will, was sich lohnt. Den ganzen Weg zu gehen, kann man im Leben in einer bestimmten Sache nur auf einmal und bloß dann, wenn man weiß, dass man nicht anders kann. Dann wird es zu einer Berufung. Man kann sich in unseren Verhältnissen nicht dem Ideal völliger Besitzlosigkeit verschreiben, wenigstens ich kann es in meiner Arbeit gegenwärtig nicht. … Der Versuch, sparsam zu wirtschaften, bedeutet meist eine Degenerierung in Richtung Mittelmäßigkeit, nicht nur in materiellen Dingen. Eine solche Einstellung wirkt sich unmerklich auch auf die feineren Anliegen aus. Ich musste alles auf eine etwas höhere Ebene schieben, denn man schien sich allmählich zu sehr mit einem ›es geht auch so‹ zufriedenzugeben.

Im Ganzen geht es wohl darum, dass man in allem, was man tut, aufbauend wirkt. Das ist mein Bestreben, wenn ich bei allem Gestalten auf Schönheit achte, die Gott ehrt. … Ich möchte nicht Besitz anhäufen, doch ich liebe eine schöne Umgebung und kunstvoll gestaltete Gegenstände. Aber es ist möglich, dass ich zu großes Gewicht darauf lege, weil der Hintergrund meines Lebens immer so unbeständig war.«

Florence' Haltung, alles Schöne zu lieben, wurzelte in folgendem Bewusstsein: Wenn man Gott von ganzem Herzen liebt, sollte man um seinetwillen alles so gut wie nur irgend möglich tun. Sie sagte ihren Schülerinnen: »In euren Arbeitsbereich in der Schule oder im Seminar muss *alles* von Gott zeugen. Auf der Missionsstation, wo ihr tätig seid, muss auch die äußere Anlage und Ordnung von der Gnade zeugen, die ihr weitergebt. Richtet ihr ein Heim für Gäste ein, so müsst ihr alles tun, was in euren Kräften steht, es so schön wie möglich zu gestalten, damit sie sich gut ausruhen können.« Florence wusste ebenso, dass – je vielseitiger die natürlichen und geistigen Interessen eines Menschen sind – auch das Material umso reicher ist, das die Gnade umwandeln und der Heilige Geist gebrauchen kann.

Es gibt natürlich keine einfache oder endgültige Aussöhnung zwischen den widerstreitenden Ansprüchen, die das Leben an den Einzelnen stellt. Die unüberhörbare Stimme der Unglücklichen und der beunruhigende Notschrei dessen, der außerhalb der Geborgenheit und des Segens lebt, stehen in ständigem Gegensatz zu der Freude an der Schönheit und ihrer Gestaltung. Wir können der Spannung nicht ein für alle Mal mit einer einmaligen Entscheidung entrinnen. In diesem Kampf können wir nur bestehen in täglich neuen, kleinen Gehorsamstaten, zu denen Gott uns in der Gegenwart ruft.

Die Liebe zur Schönheit und Schöpfung war für Florence kein Zustand uferloser Hingabe. Vielmehr ordnete sie sich aus ihrer Sicht in ein Leben ein, das unter der Führung der Liebe Gottes stand. Florence' Pflege der Schönheit sollte weitaus mehr dazu beitragen, andere zu erfreuen, als sie selbst glücklich zu machen. So hatte sie in Barns Green einen behelfsmäßigen Raum außerhalb des Hauptgebäudes. Wenn sie wählen musste, bestand sie darauf, dass die älteren und schäbigeren Möbelstücke in ihr Zimmer kamen. Es wurde schon gesagt, dass sich ihr Leben durch ein seltenes Empfinden für das Gleichgewicht und ein Gleichmaß richtiger Verhältnisse auszeichnete. Liebe zu Gott, Liebe zum Menschen, Liebe zu Gottes Schöpfung – das war die Ordnung, an der sie beständig festhielt. Um den Preis bedingungslosen Gehorsams und täglicher Selbstdisziplin entfaltete sich ein Leben von einem solchen Reichtum, dass von ihm noch lange immer neue Anreize zu gelebter Liebe ausgehen werden.

Man denke ja nicht, dass die Erkenntnisse und Siege, in die diese Kapitel ein wenig hineinsehen lassen, leicht errungen waren. Florence führt kein Konto der Zweifel, die ihr innerlich zu schaffen machten. Ihre Gedanken waren so ausgefüllt von Gott und den Bedürfnissen ihrer Mitmenschen, dass sie keine Aufstellung ihrer eigenen Kämpfe niederlegen konnte.

1941 begann sie zwar ein Tagebuch; doch enthält es nur wenige Eintragungen in weiten Abständen. Eine Stelle aber – ziemlich zu Anfang – zeigt, dass sie auch quälende Fragen befielen: »Natürlich ist Gott da. … Aber was man auch immer sagen mag, es ist nicht einfach, jemanden, den man nie sieht oder hört, zu lieben. Wie seltsam ist es doch: Ich begann meinen Weg im Blick auf ihn und den neuen Auftrag der Liebe. Auch sprach ich viel darüber und bemühte mich, ihm gehorsam zu sein. Allerdings war der Gehorsam oft nur sporadisch und mittelmäßig. Und das große Gebot der Liebe ist es wieder, das mich heute Nacht nicht zur Ruhe kommen lässt. Ob mich Gott zu bewussterem Gehorsam ruft?«

Die Frage des Leidens verfolgte Florence ihr Leben lang. Sie sagte in einem Brief, den sie noch in Storrington schrieb: »Weder las noch hörte ich je etwas, das die ganze Weite und Tiefe des Leidens zum Ausdruck bringt: Katastrophen, Erdbeben, Springfluten und alles Grauen dieser Dinge – es bleibt ein Rätsel, warum Gott sie nicht verhindert. Ich weiß, sie können nicht erklärt werden, hier ist Vertrauen gefragt. Aber gerade da findet sich der Schauplatz meines Kampfes.«

Der Kampf, den es kostet, geistliche Erkenntnisse im praktischen Leben umzusetzen, wird nicht selten erwähnt. »Ich weiß, es ist nicht leicht«, oder: »Es ist schwierig«, sind Wendungen, die häufig in Florence' Briefen wiederkehren. Und alle, die mit ihr zusammenlebten, wissen, dass sie oft sagte: »Das Erste, was ich Gott fragen werde, wenn ich zu ihm komme, ist, warum doch alles so schwierig sein musste.«

Für Florence Allshorn war die Nachfolge solch ein Kampf, weil sie nicht etwas war, zu dem man sich lediglich bekannte und was man glaubte oder worüber man sprach und nachdachte, sondern etwas, das man lebte. Deshalb rang sie unermüdlich darum, echter zu werden.

»Ich sehne mich so danach, die Wahrheit über mich selbst zu kennen, damit ich echt werde. Alles Unechte verhindert jedes Wachstum. Das bedeutet Kampf, und ich weiß etwas davon zu sagen; aber ich lernte dabei auch mehr als auf jede andere Weise, dass das Leben anderer Menschen in unserer Umgebung im Sinne unseres Herrn beeinflusst wird, wenn wir echt sind.«

Florence zitierte einmal folgenden Satz: »Diejenigen, bei denen die Wahrheit wohnt, weil sie sie leben, werden von anderen aufgesucht; während sich solche, die lediglich mit der Ausbreitung einer Lehre beschäftigt sind, eine Zuhörerschaft suchen müssen.«

In ihrem eigenen Leben waren Wort und Tat in bemerkenswerter Weise zu einer Einheit verschmolzen.

Florence war eine Kämpfernatur. »Man überlegt sich oft«, schrieb sie, »wie weit man stillhalten und nachgeben soll und wie weit man sich erheben darf, um zu kämpfen. Von Natur aus liegt es mir, loszugehen und zu kämpfen. Was ich brauche, ist, mich im Geist der Sanftmut umgestalten zu lassen.« Nie ging sie Schwierigkeiten aus dem Weg; wo immer sie Ungutes sich einnisten sah, war ihr erster Impuls, zum Angriff vorzugehen.

Allerdings empfand Florence, besonders in späteren Jahren, in Zusammenhang damit manchmal eine gewisse Einsamkeit. Sie war so eifrig bei der Verfolgung ihres hohen Ziels, dass sie andere zurückließ. So schrieb sie einmal:

»Manchmal erschrecke ich. Viele lieben nur das Mittelmäßige. … Doch sie lieben nicht meinen Kampf für das Reine und Vollkommene. Hier gehen wir auseinander, nur mich wollen sie sehen und nicht das, was ich in ihr Blickfeld rücken möchte, weil es so viel besser ist als ich.«

Dass sich Florence nach dem Vollkommenen ausstreckte, gehörte zu ihrer natürlichen Veranlagung. Aber dies wurde wesentlich vertieft durch die Schau biblischer Vollkommenheit.

»Jesus Christus verlangte das Unmögliche. Warum sollte er für etwas sterben, was du für dich selbst tun kannst? Darüber müssen wir uns ganz klar sein. Er verwässerte nichts. Gute Taten allein genügen nicht. Selbst Liebe ist ungenügend, wenn es nicht Liebe von der Art ist, die Paulus zu dem Ausruf brachte: ›Und wenn ich alle meine Habe zur Speisung der Armen austeile, und wenn ich meinen Leib hingebe, damit ich verbrannt werde, aber nicht Liebe habe, so nützt es mir nichts.‹

Wenn unser Leben andere herausfordern und ein Vorbild für sie sein soll, muss es ein Leben der Liebe, der Freude und des Friedens sein. Darin wächst die Frucht des Geistes; ihrem Wachstum in jeder Einzelheit unseres Lebens Raum zu geben, ist‘ eine Aufgabe, die uns ganz fordert.«

Nur wenige vermochten es, ganz mit der Vorwärtseilenden Schritt zu halten. Ihr Geist erklomm Höhen, die nicht alle erreichten. Deshalb kannte sie die Einsamkeit und wusste sowohl um ihre Segnungen als auch um deren Preis. Florence musste so manches Mal umkehren und auf andere warten, während sie vorwärtsdrängte. Das war für ihr ungeduldiges und rasches Temperament eine Anfechtung. Sie wurde dann auch in der Diskussion leicht ungeduldig, zumal sie von Natur aus keinen Widerspruch ertragen konnte. Aber sie lernte, ihre Ungeduld zu meistern und zu überwinden, und was auf andere stärksten Eindruck machte, waren ihre gottgewirkte Geduld und ihr tiefes Verstehen.

Jemand, der sie kannte, schrieb: »Florence war, so nehme ich an, von Natur aus ungeduldig. Das gehörte ebenso zu ihrem Temperament wie die Schnelligkeit ihrer Bewegungen und die Feinfühligkeit, mit der sie die Unlauterkeit oder das Unglücklichsein ihrer Umgebung auffing, ehe jemand anders auch nur daran dachte. Sie strebte vorwärts, solange sie lebte, weiter hinein in eine Welt, die Gott gehört. Doch diejenigen, die dieses Drängen (in dem auch eine gewisse Ungeduld offenbar wurde) in ihr spürten, wissen auch, wie sie ohne Zögern auf solche warten konnte, die bereit waren, denselben Weg zu gehen, nur so viel langsamer. Keiner jedoch kann wohl ganz ermessen, was sie diese Disziplin des Wartens gekostet haben muss.«

Florence lehnte jeden Versuch anderer, sie selbst oder irgendeinen Menschen im Lichte der Vollkommenheit erstrahlen zu lassen, radikal ab. Und doch muss gesagt werden, dass die Echtheit ihrer Liebe zu Gott und zum Nächsten ihrem Leben etwas ungewöhnlich Strahlendes verlieh. Und diese Liebe durfte etwas kosten! Wenn sie im Unrecht war oder einen Fehler begangen hatte, brachte sie die Sache sofort in Ordnung und entschuldigte sich. Momentan aufflammende Ungeduld überwand sie schnell. Ein scharfer Beobachter, der sie – abgesehen von gelegentlicher Abwesenheit – täglich sah, sagte einmal: »Ich liebte in ihr einen Menschen, der ganz in der Heiligung stand und doch als Mensch so natürlich blieb.«

Der königliche Auftrag der Liebe (Joh 13,34-35), dieser Maßstab Jesu, leuchtete für sie nie heller und beständiger als in den letzten zehn Jahren ihres Lebens. Durch welche inneren Kämpfe sie in ihrem Ringen um biblische Vollkommenheit ging, ließ sie selten erkennen. Aber wer sie kannte, wird zugeben, dass die vollen Töne des Vertrauens, der Überwindung und der Freude nur deshalb so jubelnd über diesem Leben schwangen, weil die tiefen Akkorde der Beugung und der echten Demut nicht fehlten.

»Als sie mir zum ersten Mal begegnete«, schreibt eine Schülerin, »beeindruckte sie mich. Ja, sie packte mich durch eine Fähigkeit, die ich am besten mit dem Wort ›Leben‹ ausdrücke. Ich meine jene Art, die – der hell lodernden Flamme vergleichbar – so viel mehr als bloß moralisches Gutsein ist und in allen gottgemäß lebenden Heiligen glüht.«

Florence wunderte sich oft, warum es so wenige Menschen mit einem erfüllenden geistlichen Leben in der Welt gibt – »so viele nette, angenehme, sympathische Menschen, eine solch große Anzahl besiegter Menschen, während es so wenige gibt, die überwinden und siegen«.

»Keine Lage ist unmöglich«, schreibt sie einmal. »Wenn du an unmögliche Situationen glaubst, hast du keine Botschaft der Errettung.« – »Was um alles in der Welt«, sagt sie in einer Ansprache, »haben alle Depressionen und so viel getrübte Schönheit mit Leuten zu tun, die der Menschheit eine Frohbotschaft verkünden sollen? Nur ein Geist, der sich durchforschen lässt, bis er tatsächlich frei ist, kann die gute Botschaft anderen weitersagen. Der Anblick der mutlosen, besiegten Christen ist die wirklich große Tragödie unserer Tage. Denken wir an die Anfänge der Gemeinde: Sie hatte keine eigenen Gebäude und keine feste Organisation. Ihr fehlten auch sonst viele Hilfsmittel. In ihr fanden sich aber Menschen zusammen, die einem Ziel zustrebten – einer Berufung, die in keiner Weise von dieser Erde stammte. Sowohl Berufung als auch Ziel gehörten der himmlischen Welt an. Die frühe Christenheit besaß ferner einen Reichtum gesunder Lehre über das Wirken des Heiligen Geistes, sie kannte die Freude, weil Gottes Kraft am Werk war – kämpfend, siegend, wandelnd und umgestaltend, nicht nur punktuell, sondern beständig. Es war eine Kraft, die alles durchströmte: die Sinne, die Herzen – ja, das ganze Leben, bis einer nach dem anderen in die lichte Geborgenheit der Liebe gebracht war.«

Christsein bedeutete für Florence nicht eine mühevolle Angleichung an einen Sittenkodex, sondern ein herrliches Erleben im Ringen um Wahrheit und Vollkommenheit der Liebe.

»Ich glaube nicht«, schreibt sie einer Freundin, »dass du vorankommst durch das aufreibende Bestreben, immer besser zu werden, sondern du musst von allen eigenen Bemühungen loskommen. Bete nicht darum, dass du besser wirst, sondern gelöster und leichter. Wer Liebe übt, erreicht das Ziel.«

»Dass wir es doch nie vergäßen – es geht nicht um das ermüdende, endlose Sterben, sondern um das wahre und unumgängliche Gesetz des Lebens …! Glaube das! Welche Gnade, dann zu sterben, eine Knospe mehr am Baum des Lebens und der Liebe! Du weißt, dass der Glaube es vermag. Ich sehe mich selbst unter doppeltem Blickwinkel: Da ist eine schattenhafte dunkle Gestalt, dahinschleichend und immer an allem Kleinen und Niedrigen und Deprimierenden hängen bleibend. Und dann ist da die andere – frei, gerade … und erlöst durch Jesus Christus. Die wähle ich immer wieder.«

»Was immer uns abhält von der geistlichen Vollkommenheit, zu der wir berufen sind – das Schreckliche liegt in dieser listigen Gewalt, uns immer abwartend gerade am Rand zu halten, immer an der Grenze zu etwas, das echter und wahrer ist.

Vielleicht verlange ich zu viel, aber Jesusnachfolge – in echter und ganzer Bereitschaft – ist für mich wirklich ein Gesang. Es geht nicht um das stete Wühlen in der eigenen Sünde. Sünde bringt den Lobpreis zum Verstummen. Darum dürfen wir sie nicht dulden. Unvergebene Sünde bringt uns Leid, weil sie von Gott trennt, wir können sie nicht hineinmengen in das Loblied, das der Glaube anstimmt.«

In der letzten Ansprache, brachte sie, schon den Keim ihrer Todeskrankheit in sich tragend, den Glauben, der das Herzstück ihres Lebens war, folgendermaßen zum Ausdruck: »Der Weg in der Nachfolge Jesu ist ein ernster Weg, aber jeder, der etwas davon erfahren hat, was es heißt, ›sein Leben zu verlieren, um es wiederzufinden‹, bezeugt es uns: Sobald das Herz und alle Sinne zum Gehorsam bereit sind, tritt man in eine neue … Welt ein. Im tiefsten Grunde unseres Wesens herrschen dann anstelle der alten

Unlust, der Schuldgefühle und der Lieblosigkeit eine tiefe innere Befriedigung, ein heller Schein über jedem Geschehen und ein großes Gestilltsein dessen, der in Christus zur Ruhe gekommen ist.

Wenn Gott Liebe ist und wir dazu bestimmt sind zu lieben, so wie die Sterne geschaffen sind, um nachts zu scheinen, dann sehnt sich jedes Wesen nach dieser Vorbehaltlosigkeit der Liebe. … Ihr Urbild tritt in Jesus Christus in unser Leben. ›Die Liebe, das ist der Mann am Kreuz.‹ Wenn wir es nur wagten, uns ganz in seine Hand loszulassen! Dann würde unser Leben Liebe ausstrahlen.«

In sein Bild umgestaltet zu werden, war das heiße Verlangen, das Florence' Leben in steter Bewegung erhielt.

Letzte Tage

Januar 1950. Grimmige Kälte herrschte, als der Umzug nach Coolham stattfand. Leer und kahl standen Flur und Garten. Niemand wusste, welche Pracht hervorbrechen würde. Das wurde erst in den unvergesslichen Frühlingstagen offenbar. Jeder Tag brachte neue Überraschungen. Eine Angehörige der Gemeinschaft von St. Julian's gibt uns einen kleinen Einblick:

»In der Morgenfrühe begann es, als Florence einen riesigen Büschel Schneeglöckchen direkt neben dem See entdeckte; die Sonne schien so hell, dass man das schimmernde Weiß erst sah, wenn man dicht davorstand. Dann brach es plötzlich vor einem auf, eine Offenbarung der Reinheit. Von jenem Tag an entfaltete der Garten eine Schönheit nach der anderen, den ganzen Frühling hindurch. …

Was es nur ein Traum? War es nicht der Vorgeschmack einer ungleich größeren, bleibenden Herrlichkeit? In jenen Frühlingstagen sagte Florence oft: ›Wenn ich schon hier auf Erden all diese Pracht sehe, nimmt es mir beinahe den Atem, wenn ich daran denke, wie wundervoll es bei dem Herrn Jesus in seiner Herrlichkeit sein muss.‹«

Zurückschauend scheint es, als sei die Schönheit jenes Frühlings tatsächlich ein Vorgeschmack der ewigen Herrlichkeit gewesen, der sie entgegeneilte.

Am 19. Mai hatte Florence eine schlaflose Nacht, die durch einen juckenden Ausschlag verursacht wurde. Noch dachte niemand daran, dass es die letzte Krankheit werden könnte. An demselben Tag wurde sie zu einem Vortrag in Worcester erwartet. Da sie sich nicht wohlfühlte, wurde sie im Auto hingebracht und wieder nach Hause gefahren. Entgegen allen Befürchtungen konnte sie ihren Dienst in Worcester zu Ende führen, und die Auszüge aus diesem letzten Vortrag, die wir in früheren Kapiteln anführten, sind unbewusst ein Fazit ihres Lebens. Als Florence nach Hause kam, musste sie sich sofort hinlegen, und ihr Zustand verschlimmerte sich rasch, sodass sie in der zweiten Juniwoche in das St. Thomas Hospital gebracht werden musste. Dort stellte der Spezialist die Diagnose auf Hodgkinsche Krankheit.[4]

Ihre Freunde durften sie besuchen, und zwei von ihnen konnten sie bis zum Ende mit aller Sorgfalt der Liebe Tag und Nacht umgeben. Vertrauend, kindlich und gefügig war sie in diesen Schmerzenstagen. Sie selbst hatte öfters gesagt, dass der Charakter eines Menschen in Krankheitszeiten offenbar werde. Wie in gesunden Tagen, so blieb Florence Allshorn auch während ihrer Krankheit diejenige, deren Wesen von Liebe geprägt war. Gott und den Nächsten, die ihr von ihm zur Seite gestellt waren, stand ihr Leben bis zum Ende zur Verfügung. Die beiden letzten Tage war sie bewusstlos, und am 3. Juli ging sie in die strahlende Welt Gottes ein, die ihr schon ihr ganzes Leben hindurch beglückende Heimat und Wirklichkeit war.

Bischof Dr. M. Gresford Jones hielt in der Stunde des Abschieds den Gottesdienst, zu dem sich die vielen Leidtragenden versammelt hatten, während der Bischof von Worcester als einer, der ihr immer wieder mit Rat und Tat beigestanden hatte, bei der Gedenkfeier sprach.

»In der Morgenfrühe«, heißt es in einem Brief, »erwiesen wir ihr den letzten Liebesdienst. Die Luft war voll vom Duft der Lindenblüten und des wilden Thymians, als wir auf jener Höhe standen, von der aus Florence so gerne ins Land geschaut hatte. Unermesslich weit dehnte sich nach der einen Seite die wogende See, während landeinwärts reifende Felder von kommender Ernte träumten. Noch lagen sie verhüllt unter den leichten Schleiern des Nebels, doch dann – ein Triumph des Lebens. Siegend flammte die Sonne empor, die Hülle riss, im strahlenden Licht lagen Felder, Gärten und Farmen, die Hecken der wilden Rosen und die Straße, die in endlose Fernen zu führen schien. Voll Frische und Klarheit war die Luft. Sie

---

4 Anmerkung des Herausgebers: Umgangssprachlich wird sie auch als »Lymphdrüsenkrebs« bezeichnet.

schien erfüllt vom Jubellied unzähliger Lerchen, die immer höher emporstiegen – ein schwaches Abbild des Gotteskindes, das berufen ist zu strahlenderen Höhen, wo es das Loblied Gottes und seines Herrn Jesus Christus in einem nie endenden Leben singt.«

Florence hat den Tod – weder den eigenen noch den ihrer gläubigen Freunde – nie als etwas Tragisches betrachtet. Weil Christus der Herr des ganzen Lebens ist, war er für sie vielmehr ein Hineinschreiten in die Fülle der Freude – in die letzte, tiefste Erfüllung und gottgewollte Vollendung unseres Seins.

Eine Freundin erzählt, wie sie an einem von Schönheit durchlichteten Maiabend zum letzten Mal zusammensaßen und wie sie inmitten all der Glut des Lebens von Florence wissen wollte, ob sie auch jene »Vorahnung des dunklen Todestals« kenne, jene schweren Schatten, welche die meisten unter uns zuweilen beunruhigen. Sie erhielt folgende Antwort: »Ich kann nie verstehen, weshalb ein Gotteskind sich vor dem Sterben fürchten sollte. Wenn ich in der Morgenfrühe hier in den Garten komme, sprengt die Freude an so viel Schönheit dieser Erde mir beinahe das Herz. Und wenn ich mir dann klarmache, dass alles Irdische nur ein Schatten ist – ein blasser Abglanz von Gottes ewiger Herrlichkeit –, dann regt sich in mir nur ein mächtiges Verlangen, mehr davon zu wissen und ganz darin zu leben.«

Über Florence Allshorn

1887	in Sheffield geboren, bereits mit drei Jahren Vollwaise, bei einer Tante aufgewachsen
ca. 1904 – 1909	Besuch einer Kunstakademie und eines Hauswirtschafts-Seminars
1920	als CMS-Missionarin nach Uganda ausgesandt, dort vor allem im Mädcheninternat von Iganga tätig
1924	Rückkehr nach England
1925 – 1927	schwere Erkrankung; Genesungszeit in einem schweizerischen Sanatorium, anschließend Aufenthalt in Storrington (von Christen geleitete Lebensgemeinschaft)
1928	Berufung an das CMS-Seminar für Missions-Anwärterinnen (St. Andrew's), dort bis 1940 als Rektorin tätig
1940/41	Die Gemeinschaft von St. Julian's wird unter aktiver Mitwirkung von Florence Allshorn zu einer Stätte geistlicher Zurüstung für in- und ausländische Gäste sowie für Missionare im Heimat-Urlaub.
1941 – 1950	vielfältige Mitarbeit in der Gemeinschaft von St. Julian's, zuletzt in Coolham
1950	Heimgang am 3. Juli in Coolham